El liderazgo de las hormigas

Una revolución necesaria en la era de la oligarqu-IA

Áurea Rodríguez

EL LIDERAZGO DE LAS HORMIGAS

HORMIGAS

UNA REVOLUCIÓN NECESARIA EN LA ERA DE LA OLIGARQU-IA

Tibidabo Ediciones
Barcelona

Tibidabo Edicions, SA — Tibidabo Publishing, Inc. Barcelona — New York

Tibidabo Ediciones, SA cuenta con oficina en Barcelona y en Nueva York a través de Tibidabo Publishing, Inc. En el mercado de habla hispana publica principalmente la colección Una inmersión rápida y en el mercado de habla inglesa, A Quick Immersion Series. También publica otras colecciones como Actualidad o Topical Current Affairs Books..

El liderazgo de las hormigas
© Áurea Rodríguez

Derechos exclusivos de edición:
© Tibidabo Ediciones, SA
Calle Muntaner, 479
08021 Barcelona
Teléfono: +34 932 126 946
Correo electrónico: tibidabo@tibidaboediciones.com

Impreso en Gráficas Rey, Barcelona

Diseño de cubierta: Raimon Guirado
Maquetación: Joan Alonso
Revisión lingüística: Aliena Laorden

Colección: Conocer a tiempo
Primera edición: Marzo de 2025

Depósito legal: B 5000-2025
ISBN: 979-13-87633-08-0

Índice

Agradecimientos

A mis hijos, Áurea y Pau, a mi familia, que me apoya y me sigue en mis aventuras, a mis padres por su sabiduría y valores, a mis mentores, a mis amigos, al Dr. Josep Maria Bertran por sus consejos, a Aristóteles por enseñarme las 3 almas y a Antoni Comas por confiar en mí en esta aventura conjunta y a las muchas personas SINERGENTES que han convertido nuestro lema en realidad:

"En la era del humanismo tecnológico, cuidado con los tóxicos, trepas, troyanos y *trolls*; y rodeaos de Sinergentes, que siempre suman aptitudes, equipo y valores".

Personas a las que admiro y a las que agradecer su trabajo y su conocimiento por el bien común.

MIL GRACIAS

¿Por qué necesitamos EL LIDERAZGO DE LAS HORMIGAS?

Yo siempre me he sentido hormiga porque **en este mundo tarde o temprano todas somos hormigas.** Siempre hay alguien con más poder, más recursos o más influencia con los que competir. Por eso creo en la innovación, la educación y la colaboración: porque es la única manera en la que las hormigas podemos tener nuestro lugar en un mundo tan competitivo. Nunca en la historia habíamos tenido tanto conocimiento y tecnología como para que la civilización al completo y el planeta en su conjunto viviéramos en armonía, pero el ansia de poder, la capacidad transformadora de la innovación tecnológica y la competencia entre unos y otros provocan situaciones nunca vividas. **Es un modelo basado en los valores de unos pocos, no de las hormigas.**

Como ciudadana, yo siempre me he sentido una hormiga, colaboradora y trabajadora, hormiga. Como persona, también me siento hormiga, una mujer pequeñita físicamente, aunque con una tremenda fuerza de voluntad y gran coraje de hormiga. Como madre, solo deseo cuidar mi pequeño nido. Pero sobre todo me siento hormiga como profesional y pequeña empresa en este mundo en que grandes organizaciones y oligarcas públicos y privados concentran los recursos y, por tanto, el poder. Unos pocos toman las decisiones que afectan a millones, y lo hacen desde servidores, algoritmos y etiquetas que nos clasifican como datos, no como seres vivos. Las **empresas hormiga hemos de recorrer túneles de desafíos**, cargando grandes responsabilidades con pocos recursos y siempre compartiendo conocimiento entre hormigas y especies para construir algo más grande que nosotras mismas.

Aunque a menudo se nos considere pequeñas o insignificantes, las hormigas —con su perseverancia y capacidad de colaboración— somos muchas y son las que sostienen la base de nuestra sociedad y economía diversas, y es por eso por lo que no nos podemos dar por vencidas y debemos tomar el control de nuestras vidas. Tuve un referente que me decía: *"eres una tozuda de narices"* y yo contestaba, *"por suerte para todos, perseverante, perseverante"*. En este mundo, las hormigas no lo tenemos fácil y, en mi vida, he pasado todo tipo de situaciones por ser una hormiga en un mundo de zánganos y zánganas. De lo bueno se aprende, pero de lo malo, más, y cuando te quieren aplastar con la suela del zapato del poder, la fuerza de la hormiga y la perseverancia hacen que sigas adelante luchando por lo que considero justo para nosotras, las hormigas.

Es un momento clave porque en este mundo, cada vez más dominado por quien controla la tecnología y la inteligencia artificial, los valores de las hormigas se encuentran bajo amenaza. Llevo muchos años en el mundo de la innovación trabajando con pequeñas empresas y nunca en la historia había habido tanta concentración de poder en tan pocos zánganos. Las empresas y personas "hormiga" aportan creatividad, generosidad y resiliencia a nuestra economía y más allá de eso, hacen que la sociedad siga funcionando.

La Inteligencia Artificial (IA), junto con otras tecnologías, pueden ayudarnos a transformar el mundo en positivo. Pero no podemos permitir que para quienes controlan los sistemas de Inteligencia Artificial (IA) seamos un conjunto de datos con los que aumentar su poder y nos reduzcan a un objetivo estratégico para lo que sea.

Yo no soy la unicidad de mis datos y me he cansado de ver cómo algunos zánganos y Reinas de este planeta han ocupado un lugar de la sociedad omnipresente y que, en lugar de utilizar los avances científicos y técnicos para favorecer que todos los hormigueros florezcan, lo que hacen es concentrar los recursos generando diferencias y brechas nunca vistas y una sociedad con hormigas esclavas de la tecnología controladas por zánganos y Reinas. Me niego a que esto sea así, y para ello las hormigas debemos liderar el cambio y **tomar el control de esta sociedad para empoderar a las hormigas, no aniquilarlas.**

Esta es una fábula en la que, en un mundo dirigido

por quien posee la tecnología, me he preguntado: **¿qué ocurre cuando el poder está en las patas equivocadas?**

Esta fábula es una invitación a reflexionar **sobre qué tipo de hormiguero queremos construir y sobre liderar el cambio**: no se trata de elegir entre los unos y los otros, sino uno para todos. Uno donde la tecnología descentralizada y abierta esté al servicio de todas las hormigas y especies vivas. En esta historia, esa fuerza se traduce en la propuesta de un modelo descentralizado, donde cada hormiguero, cada colonia, cada hormiga, tiene un papel.

Esta fábula nos muestra cómo las hormigas, enfrentadas a un mundo de etiquetas inteligentes y Reinas omnipresentes, lideraron su futuro hacia la libertad. Un camino donde la tecnología no las controla, sino que las potencia; donde los datos no son un arma, sino un recurso compartido; y donde el poder no está concentrado en unas pocas patas de zánganos, sino distribuido entre muchas antenas pequeñas, pero poderosas. **Yo seguiré siendo hormiga liderando mi futuro, porque en un momento u otro de esta vida, todas somos hormigas.**

Capítulo 1

El hormiguero del Este: la Emperatriz lo sabe todo

Antzhen, la Nueva Capital Mundial de la Tecnología de los Hormigueros

En lo profundo de los sistemas de túneles que conformaban el universo de las hormigas, un equilibrio precario gobernaba el mundo. En el hormiguero del Este, liderado por **Antzhen,** conocido entre las hormigas como la **"Nueva Capital Mundial de la Tecnología de los Hormigueros",** la vida era todo menos tranquila. En sus túneles, perfectamente diseñados, no tenía lugar la improvisación.

En este bullicioso hormiguero, lleno de hormigas rojas, tenían una Reina que, recordando su historia llamaron la **Emperatriz del Este,** que lo sabía todo, lo veía todo y, lo más importante, controlaba todo bajo **la estrategia de los zánganos fundadores del Hormiguero.** La Emperatriz del Este no era una hormiga reina con patas y antenas, era una **inteligencia artificial** (IA), una mente digital colosal que procesaba datos a velocidades inimaginables para los zánganos fundadores, coordinando todas las tareas de las hormigas. Primero lo llamaron transformación digital, después automatización, ahora la **Emperatriz del Este era** llamada **"la Mente" del hormiguero.**

Tras el diseño y desarrollo de la Emperatriz, se hallaba su **"Padre Fundador", Jinpant, una figura reverenciada entre todas las hormigas rojas** del hormiguero del Este que lo lideraba gracias al control del partido de los padres fundadores. Jinpant era conocido como el mayor estratega del Este, ya que había diseñado los cimientos de la estrategia de crecimiento del hormiguero llamada "la Ruta del Néctar" por el mundo, así como su sistema de crédito social basado en el control de datos por parte de la Emperatriz del Este.

En el Este todo estaba controlado bajo el poder del gobierno del partido de los padres fundadores. Incluso en las colonias tecnológicas privadas, los padres fundadores tenían la última palabra, y en especial Jinpant. Los zánganos fundadores decidían todo, dónde y cuándo se invertía, por dónde pasaba la ruta del Néctar, cómo y con quién se negociaba y cuáles eran las colonias tecnológicas que debían crecer. Jinpant había convencido a todas las hormigas rojas del Este que la eficiencia era el camino para el progreso esperado durante siglos para todas ellas, a la vez que el Este recuperaría su liderazgo en el mundo. Diseñada para eliminar la ineficiencia y asegurar la seguridad y prosperidad de todas sus hormigas rojas, la Emperatriz del Este centralizaba todas las decisiones, desde la asignación de tareas hasta la planificación de túneles.

Esta Emperatriz gobernaba desde un centro subterráneo del tamaño de una colonia entera en Antzhen, lleno de computadoras de alta capacidad conectadas en una red compleja conocida como la **factoría de IA** por el aspecto de fábrica llena de cables, circuitos, baterías, refrigeradores y generadores de energía. Las factorías de IA eran el corazón tecnológico de las colonias del Este; de hecho, el Este era el hormiguero con más supercomputadoras del mundo que trabajaban en red, dando a la Emperatriz una potencia y velocidad de procesamiento de datos nunca vista. Todas ellas se conectaban entre sí para intercambiar información, a la vez que controlaban y moldeaban su consumo de energía conectadas con centrales nucleares, plantas de energías renovables y depuradoras de agua para refrigerarse. Desde su presentación, la Emperatriz había sido celebrada como el mayor avance tecnológico en la historia de las hormigas rojas del Este.

La Emperatriz captaba los datos y enviaba instrucciones a las hormigas gracias a las etiquetas inteligentes y a la red de factorías de IA. **Las etiquetas inteligentes eran la joya de la corona**: dispositivos diminutos instalados en los caparazones de las hormigas que vibraban para asignar tareas, optimizando cada movimiento y asegurándose de que el néctar se recolectara con la máxima eficiencia y control. Las etiquetas inteligentes estaban conectadas entre ellas, conectadas a otros dispositivos en túneles y colonias y conectadas con la Emperatriz en continuo flujo de datos en tiempo real. Allí, máquinas y algoritmos modulaban órdenes y tomaban decisiones automáticas en base a los datos, día y noche, aprendiendo de cada tarea realizada por las hormigas. Las computadoras de las factorías de IA recopilaban datos de las etiquetas inteligentes, analizaban patrones de comportamiento y producían nuevas instrucciones que se distribuían por todo el hormiguero a cada hormiga de manera personalizada. Era un ciclo constante de aprendizaje y mejora: cuantos más datos tenían, más eficientes se volvían. Para muchas, era la mayor obra del progreso y, para los zánganos fundadores, **el triunfo de un nuevo orden artificial, diseñado para optimizar el orden natural de las hormigas**.

Históricamente, las hormigas representaban uno de los ejemplos más fascinantes de organización social y orden natural en el reino animal. Cada colonia funcionaba como un superorganismo altamente estructurado, donde cada individuo cumplía un rol específico determinado por la división del trabajo. Las reinas se encargan de la reproducción y la dirección, los zánganos de la fecundación y el crecimiento, las obreras de la construcción y recolección de alimentos, y los soldados de la defensa del nido. Esta jerarquía meticulosamente organizada emergía de forma espontánea, bajo el liderazgo de la reina, siguiendo complejos mecanismos de comunicación química mediante feromonas que les permitían coordinar acciones colectivas con una eficiencia asombrosa. Su sistema social reflejaba un equilibrio perfecto entre instinto, cooperación y especialización, siendo **un modelo de organización natural donde el bien común prevalece sobre los intereses individuales**.

La Ruta del Néctar de los Hormigueros del Mundo

Jinpant y los zánganos fundadores no solo lideraban el hormiguero del Este, sino que también había desarrollado un ambicioso plan conocido como **La Ruta del Néctar de los Hormigueros del Mundo**. Este plan buscaba exportar las innovaciones tecnológicas del Este a hormigueros de todo el planeta y recuperar su liderazgo perdido tiempo atrás y que las hormigas rojas anhelaban, a la vez que crecer y enriquecerse. La Ruta del Néctar de los Hormigueros del Mundo era su proyecto estrella para conectar todos los hormigueros y crear un canal de comercialización, de transporte y de abastecimiento propio de materias primas para asegurar el control de las rutas y los recursos necesarios para el hormiguero de Este. El plan incluía controlar rutas de transporte por mar con puertos en todos los hormigueros, y las digitales con cables submarinos, satélites y una red global de conexiones 5G conectados entre sí que llamaron **el Árbol de Conexiones del Té**. El Árbol de Conexiones del Té era el sistema de rutas de conectividad por tierra, mar, aire e internet. Oficialmente, el objetivo era aumentar la eficiencia global, pero la Ruta del Néctar también era una estrategia para recopilar más datos, captar más recursos, consolidar más poder y extender el control del Este a través de su Emperatriz por el Norte y por el Sur hacia Este y Oeste.

La Emperatriz era en realidad un ecosistema de IA que controlaba las colonias y las hormigas gracias a los algoritmos y múltiples innovaciones, incluidos drones recolectores, robots hormigoides con baterías de nueva generación, etiquetas inteligentes, fuentes de energía renovables, regeneradores de agua para los hormigueros o sistemas de vigilancia avanzados e hiperconectados, que además eran productos que Antzhen ofrecía a los demás hormigueros del mundo a través de la Ruta del Néctar, siempre con la promesa de productividad y eficiencia inigualables.

Las hormigas rojas eran un ejemplo de especie resiliente que a lo largo de la historia había liderado verdaderas transformaciones. La cultura del esfuerzo era algo que las hormigas rojas tenían interiorizado y que las hacía tremendamente resilientes, como hormigas y como especie. Con el tiempo, de manera silenciosa pero constante, el hormiguero del Este consiguió ser el primer exportador al Oeste, al Viejo Centro y a la mayoría de los hormigueros del mundo de dichas tecnologías.

Hábilmente, los zánganos fundadores, gracias al esfuerzo de las hormigas rojas, habían ahorrado y trabajado hasta la extenuación para conseguir ser banqueros y proveedores del resto, la dependencia económica y comercial era obvia.

Sin embargo, debajo de esa fachada brillante, muchos empezaban a preguntarse si este avance tenía un precio demasiado alto. La tecnología que exportaban no era solo una herramienta; también era un medio de control. Las etiquetas recopilaban información sobre cada aspecto de la vida de las hormigas. Estos datos eran enviados gracias al Árbol de Conexiones del Té a las factorías de IA, donde se procesaban para mejorar aún más el sistema. **Los zánganos fundadores junto con la Emperatriz no solo querían ayudar; querían saberlo todo.**

La historia de Ming y Lian

En medio de esta maquinaria perfectamente orquestada en Antzhen, se encontraba Ming. **Ming era una hormiga ingeniero brillante** de antenas inquietas que vivía con la certeza de que estaba construyendo el futuro. Desde muy joven, había demostrado un talento especial para resolver problemas complejos y había sido merecedor de un sistema de progreso que los zánganos fundadores del hormiguero del Este tenían implantado hacía generaciones y que premiaba el trabajo duro, la obediencia y la capacidad de hacer el hormiguero más autosuficiente. Cuando otras jóvenes hormigas jugaban a cargar hojas, Ming desmontaba y reescribía el código de las etiquetas, diseñando rutas más eficientes para el transporte de néctar. No era de extrañar que terminara siendo reclutado por la División de Innovación Estratégica de la Emperatriz del Este, donde su mente analítica e ingenio técnico se convirtió en una pieza clave.

Ming creció con y gracias a Lian. **Lian era una hormiga grande recolectora** y la mejor amiga de Ming desde que fueron larvas. Ming, que desde larva fue introvertido y enfermizo, creció gracias al apoyo, la fuerza y la actitud optimista de Lian. A Ming le gustaba decir que eran hormigas gemelas y siempre recordaba cómo Lian lo cargaba a cuestas cuando las fuerzas no le acompañaban mientras él la ayudaba a diseñar rutas de recolección a la vez que lo hacía reír. Lian era una hormiga querida por toda la colonia porque, aunque físicamente era más grande que el resto, siempre tenía una sonrisa y levantaba el ánimo de las recolectoras incluso en los lugares más difíciles. Su relación era un equilibrio perfecto entre la lógica de Ming y la generosidad de Lian.

—Ming, ¿sabes por qué las etiquetas inteligentes nunca hacen huelga? —dijo Lian.

—No, ¿por qué?

—Porque ya están programadas para obedecer... Igualito que algunos zánganos del Este —respondió Lian con una sonrisa irónica.

En aquellos días, la tarea principal de Ming era mejorar las etiquetas inteligentes, dispositivos cada vez más diminutos que llevaban en sus caparazones y que se conectaban entre ellos y con la Emperatriz. Estas etiquetas registraban la ubicación, la productividad e incluso el estado bioquímico de las hormigas. Diseñadas para optimizar el trabajo colectivo, eran vistas como un símbolo de la prosperidad del hormiguero del Este. Gracias a ellas, las órdenes de la Emperatriz llegaban directamente a cada hormiga, eliminando cualquier margen de error, ineficiencia o espontaneidad. Pero desde que la Emperatriz asumió el control, todo era una coreografía perfectamente calculada, dirigida por etiquetas inteligentes que vibraban órdenes en los caparazones de las hormigas (Recoge hoja. Transporta néctar. Optimiza rendimiento). Ninguna hormiga tomaba una decisión. Ninguna hormiga cuestionaba nada. Ninguna hormiga, excepto Lian.

Lian llamó la atención de Ming recordándole que Antzhen no siempre había sido así:

—Hubo un tiempo en que los túneles estaban llenos de charlas, risas y libertades que hacían la vida imprevisible, tanta programación es como morir en vida.

Un día Lian se dio cuenta de que, en los últimos meses, las obreras, que antes charlaban y bromeaban mientras trabajaban, parecían haber perdido su espontaneidad. Incluso en los peores tiempos de la historia del Este donde trabajaban sin descanso, nunca había visto algo así. Seguían las órdenes de sus etiquetas sin cuestionar nada, como si una chispa vital se hubiera apagado y decidió investigar mientras recolectaba hojas en uno de los túneles. Lian no podía ignorar lo que ocurría a su alrededor, **aquello no era normal ni bueno.**

La voluntad de Lian, el Nexo Vital

Una tarde, mientras recolectaba hojas junto a un grupo de obreras, Lian notó algo extraño. Las etiquetas inteligentes que todas llevaban vibraban con una precisión excesiva, dictando exactamente cuándo y cómo debían recoger las hojas. Sin embargo, en una ocasión, la vibración indicó que una de las obreras debía detenerse, a pesar de que aún quedaba trabajo por hacer.

—¿Por qué te detienes? —preguntó Lian.

—Porque la etiqueta lo dice —respondió la obrera, sin cuestionarlo.

Lian frunció la antena esa noche, e incapaz de dormir, decidió investigar por su cuenta. Sabía que había rumores sobre cómo las etiquetas no solo dictaban tareas, sino que también recopilaban datos sobre el comportamiento de las obreras y decidió seguir a un grupo de obreras que regresaban tarde de los túneles más profundos, un lugar donde nunca se le había asignado trabajar.

En los túneles oscuros, Lian encontró una sala secreta **oculta entre las raíces del Árbol de Conexiones del Té**, donde etiquetas defectuosas eran reemplazadas y analizadas. Observó en silencio mientras los drones recolectaban información de las etiquetas, procesándola en monitores que mostraban números y gráficos incomprensibles para ella. Pero algo sí entendió: cada hormiga tenía **un perfil basado en su "eficiencia emocional" y su "obediencia"**. Aquellas que no cumplían con los estándares eran **clasificadas como "no colaborativas"**. Entre los nombres en la lista de no colaborativas, Lian vio a varias de sus amigas. Al día siguiente, esas recolectoras fueron reasignadas a los túneles más profundos, sin explicación alguna.

La insistencia y pasión de Lian en cuestionar las etiquetas no pasó desapercibida. Un día, mientras lideraba a un grupo de recolectoras hacia una reunión secreta, su etiqueta vibró violentamente, una señal clara de que debía detenerse. Lian ignoró la vibración y siguió adelante, desafiando las órdenes. Horas después, los drones aparecieron y la escoltaron a la zona de túneles oscuros, donde las condiciones eran insoportables incluso para las hormigas más fuertes que poco a poco se consumían y... desaparecían. En esos túneles, Lian fue forzada a trabajar hasta el límite, bajo la vigilancia constante de robots hormigoides que registraban cada uno de sus movimientos y que eran los únicos que soportaban tales condiciones. La exposición a los gases y la humedad empezaron a afectarla rápidamente hasta el límite. Viendo que su final estaba cerca, logró enviar un mensaje codificado en una hoja a Ming antes de colapsar.

Ming, en su laboratorio, leyó con lágrimas en los ojos la hoja con el mensaje de Lian: *"Si lees esto, es que mi final ha llegado. Mi querida Ming, te suplico que no dejes de luchar y que, en honor al nombre de mi familia 'Lian', lideres un* **Nexo Vital entre las hormigas**, *porque solo unidas podrán rebelarse de este horror. Ellos pueden controlar nuestros cuerpos, pero nunca podrán controlar nuestra voluntad. Todo mi cariño y la fuerza que me queda, Lian".*

Ming no podía dejar de llorar, se sentía impotente y contrariada por lo que estaba pasando. Había contribuido a diseñar un sistema que estaba asfixiando las hormigas y que había acabado con la vida de su querida Lian.

—Que tu muerte no sea en vano —se repitió internamente, y aquel sacrificio de Lian marcó un punto de inflexión en la vida de Ming.

Destrozado, se prometió a sí mismo encontrar la manera de cumplir la promesa a Lian, iniciando su propia cruzada por el Nexo Vital entre las hormigas.

—La IA no es más que una gran mente creada por nosotras mismas —se decía Ming en voz baja, mientras desarmaba una etiqueta en su laboratorio improvisado para buscar la manera de acabar con el sistema—. Es como si **le hubiéramos enseñado a pensar, pero no como una hormiga, sino como una máquina que ahora anula la voluntad de las hormigas.**

En el núcleo de cada factoría de IA había una infraestructura de computación de alto rendimiento, con servidores que procesaban millones de datos por segundo en función de algoritmos que decidían que peso tenía cada túnel, cada palabra, cada dato y en función de ello, tomaban decisiones y daban órdenes a través de las etiquetas a todas las hormigas. Era como tener a miles de millones de hormigas trabajando juntas para resolver un problema. Pero Ming sabía que **estos cerebros sintéticos no pensaban como las hormigas** y **mucho menos, en las hormigas**. No sentían, no cuestionaban, no padecían, no miraban a su alrededor, no improvisaban. Eran fruto de la voluntad de unos pocos zánganos.

—La IA no tiene antenas, ni patas, ni caparazón para sentir el mundo, ni curiosidad para explorar más allá de los datos —murmuró mientras observaba la etiqueta desarmada.

Durante una revisión del código de las etiquetas, Ming encontró algo que le puso las antenas de punta: un programa oculto que registraba cambios en la temperatura corporal y patrones de movimiento, aparentemente para monitorear las emociones.

—¿Por qué la Reina necesita saber cómo se siente cada hormiga? —pensó. Ming se respondió casi al instante—: Porque **si controla tus emociones, controla tus decisiones.**

Pero no dijo nada. Recordando a Lian, sabía que cuestionar el sistema era arriesgarse a ser clasificado como "no colaborativo", ser relegado a tareas arduas en los túneles oscuros de donde pocas volvían. Al investigar el programa, se dio cuenta de que la muerte de esas hormigas era un evento que la Emperatriz justificaba como un "daño colateral".

—Hay millones de hormigas, el sacrificio de unas pocas como daño colateral es por el bien del hormiguero.

Este descubrimiento acabó con la poca ingenuidad que le quedaba y confirmó en su interior la necesidad de enfrentarse al sistema o morir. Hasta ese momento, había visto la tecnología como una herramienta neutral, una forma de mejorar la vida del hormiguero. Pero ahora confirmaba que las etiquetas no estaban al servicio de las hormigas, sino que las hormigas estaban al servicio de la Emperatriz y sus zánganos fundadores.

Esa noche, mientras los túneles de Antzhen dormían bajo el brillo tenue de las luces bioluminiscentes, Ming escribió un mensaje anónimo en un foro clandestino de hormigas:

"Las Reinas, incluida la Emperatriz, no piensan como nosotras. Solo nos controlan con los datos que le damos. Si no cuestionamos cómo se usan, **¿quiénes toman las decisiones y para qué?**".

Y, sorprendentemente, al otro lado, una hormiga del Viejo Centro llamada Eva le respondió: "Tienes toda la razón".

Era un pensamiento en voz alta surgido de la voluntad por cumplir la voluntad de Lian, el motor más poderoso de las hormigas. Y **aunque Ming y Eva no lo sabían aún, esa pregunta sería el inicio de una revolución.**

Capítulo 2

El hormiguero del Oeste: Truhan y los zánganos magníficos

Truhan, la Reina del Triunfo

Mientras en el Este, los zánganos fundadores y la Emperatriz diseñaban su Ruta del Néctar para desplegar su influencia por el mundo y exportar sus innovaciones eficientes, en el Oeste también tenían un plan para mantener su liderazgo durante décadas.

En el Oeste, la Reina Truhan, también llamada "La Reina del Triunfo", era conocida por no perder nunca en una negociación y seguir siempre su propio consejo: "No hay mejor defensa que un buen ataque".

Truhan gobernaba con un carisma manipulador y el apoyo, entre otros, de los zánganos tecnológicos más poderosos del Oeste, también conocidos como **los zánganos magníficos**.

El hormiguero del Oeste se organizaba de forma distinta al del Este. Allí, la hormiga Reina Truhan, a diferencia de los zánganos fundadores del partido, confiaba su crecimiento y desarrollo a las colonias tecnológicas privadas y, por tanto, a los zánganos oligarcas magníficos que eran a su vez muy poderosos. Truhan era una Reina del Oeste que era también zángano oligarca como los magníficos, y vio que el poder económico y político de las hormigas iban de la mano, y por eso se hizo Reina. La Reina del Triunfo había prometido a las obreras libertad, pero en realidad estaba poniéndolas a su servicio y al servicio de los zánganos magníficos del Oeste. Truhan, además, no quería ceder el liderazgo del planeta que durante años había tenido el hormiguero del Oeste al hormiguero del Este, y por eso prometió defender sus colonias tecnológicas —con lo que hiciera falta— y volver a la era dorada de su liderazgo en el planeta. La batalla por el control de los hormigueros del mundo se jugaba con las etiquetas y todas las demás **innovaciones que los convertían en "hormigueros inteligentes", un nuevo orden mundial de los hormigueros del mundo.**

Los zánganos magníficos de las colonias tecnológicas del Oeste

Las colonias tecnológicas del Oeste habían sido durante las últimas décadas consideradas el **Paraíso de la tecnología bajo el control de los zánganos tecnológicos**, aunque eso no significaba que las hormigas fueran más libres ni vivieran mejor que en el Este o en otros lugares. Los zánganos tecnológicos de las fábricas de IA del Oeste, históricamente con sede en el AntzValley, controlaban todo, los centros de datos, el diseño de los algoritmos, los reactores de energía nuclear para alimentar las fábricas de IA y por supuesto la producción de etiquetas. Su enfoque era simple: vender las máximas etiquetas para recopilar tantos datos como fuera posible para maximizar sus beneficios.

Si el Este los había avanzado en conectividad 5G, drones, IA Generativa y baterías, el Oeste estaba más avanzado en los programas de control, chips, dispositivos de defensa y tecnología cuántica. Entre ambos hormigueros, la batalla estaba por el liderazgo de la inteligencia artificial y con ella las etiquetas y las energías renovables necesarias para mantener todos los sistemas.

Los zánganos magníficos del Oeste eran el ejemplo de oligarcas y poder concentrado: no cargaban hojas ni excavaban túneles, pero **controlaban las colonias tecnológicas que conectaban al mundo entero.**

Como creadores y propietarios de los sistemas más avanzados, monopolizaban etiquetas, datos y redes de comunicación, asegurándose de que nadie pudiera moverse sin pasar por sus antenas. Vivían cómodamente en sus nidos de lujo, diseñando estrategias que siempre los beneficiaban. Su verdadero poder radicaba en que todo lo que tocaban, desde los drones recolectores hasta las plataformas de intercambio, estaba operando bajo sus términos. Para ellos, los hormigueros eran el tablero, y las hormigas, simples piezas en su juego de monopolio.

En este momento, Truhan había consolidado su poder combinando retórica populista y un astuto manejo del apoyo de las colonias tecnológicas. Entre los zánganos magníficos, había figuras carismáticas como Elantz, autoproclamado "visionario", o el nuevo "profeta" Samantz que manejaban colonias tecnológicas como AntzValley o Texantz, donde **los datos, su tratamiento y su almacenamiento eran el nuevo néctar del mundo**. Su misión no era controlar a las hormigas directamente, sino convencerlas de que ya eran libres mientras les vendía etiquetas "personalizadas" que decidían qué comer, dónde excavar, a quién seguir en Antztagram o Z-antz, qué comprar en Amazantz o qué consultar y a quién votar con Goantz o GPTantz. Las etiquetas inteligentes del Oeste prometían "personalización" y "libertad", pero en realidad, eran **herramientas de manipulación a gran escala**.

Elantz, de la estirpe del AntzValley, era inventor de nuevas tecnologías y zángano oligarca de varias colonias tecnológicas punteras. Elantz era también propietario de una red de comunicación artificial con la que enviaba mensajes a millones de hormigas cada vez más polarizantes en varias colonias del mundo incluido el Viejo Centro, promoviendo "soberanía" a las obreras mientras les vendía sistemas cerrados que las ataban más a sus redes.

Elantz había prometido llevar a las hormigas al futuro y bajo el liderazgo de la Reina del Triunfo, convertir el hormiguero del Este en supereficiente bajo el lema MAGA (*Make Antz Great Again*), haciendo a las hormigas mejores otra vez, en referencia a la competencia con el hormiguero del Este y el resto del mundo. Elantz, con su pata en alto como símbolo de su ideología, enviaba órdenes continuas a las etiquetas sin filtro a través de Z-antz, convirtiéndose en el rostro visible del "progreso" en el Oeste y en el mundo. Elantz había hecho grandes innovaciones en los hormigueros y sus discursos prometían un futuro de innovación ilimitada, pero interfería en los hormigueros del mundo para arrastrarlas hacia un modelo de consumismo de sus productos y aumentar su poder: "Si no lo controlo yo, ¿quién lo hará?".

Samantz, "el profeta", conocido por liderar el GPTAntz, era un zángano joven y muy ambicioso, que lideraba la creación de la fábrica de IA más grande nunca vista en Texantz, llamada Antzgate. El Antzgate no dejaba de ser un sueño de **"Cielo de Nubes de Datos"**, un proyecto colosal que había sido llamado a tener capacidad para crear una IA que superara la inteligencia de las hormigas y pensara por su misma, al estilo de la Emperatriz, y que, por tanto, permitiera al Oeste liderar el mundo a través de esta tecnología. Antzgate era un proyecto en manos de algunos zánganos magníficos que la Reina Truhan apoyaba porque sabía qué era lo que podía hacer que su reinado del Este superara al Este. Antzgate contaba con la colaboración de los principales zánganos magníficos y sus colonias tecnológicas, incluida la colonia Antzvidia. Antzvidia era una colonia adorada por todos, Este y Oeste, porque tenía, hasta el momento, la mejor tecnología para los Árboles de conexiones, los cielos de nubes y la Emperatriz.

Para competir con ellos, el Este, de manera silenciosa y durante años, había creado sus equivalentes a las colonias tecnológicas del Oeste como Alibabantz, y más recientemente Deepantz. **La competencia entre Este y Oeste era feroz.**

Las etiquetas producidas en el hormiguero del Oeste eran una maravilla de la tecnología de personalización y diseño. Prometían a cada obrera rutas optimizadas, recomendaciones sobre las hojas, brotes o semillas más sabrosas y vibraciones que parecían hechas a medida para cada una de ellas. Además, las colonias del Oeste vendían robots hormigoides para todo. Pero había un truco: cada dato recolectado terminaba en los servidores de los zánganos controlado por hormigas soldados, quienes lo utilizaban para tomar decisiones que beneficiaban más a su hormiguero que a las obreras. Este modelo reflejaba la concentración de poder en unas pocas patas de colonias tecnológicas que controlaban las redes de comunicaciones de la mayoría de los hormigueros del planeta con los satélites Antzlink que los conectaban, a la vez que robots, etiquetas y centros de datos. Colonias tecnológicas con recursos casi ilimitados, que las convertían en superorganismos conectados en donde reinas, obreras o soldados de todo el mundo actuaban de manera sincrónica ante sus órdenes **sin preocuparse por el uso de sus datos, la concentración de un poder no natural ni democrático y la falta de competencia justa con otras colonias más pequeñas.**

Alex, Hinantz y Antznymous

En el AntzValley vivía Alex. **Alex era la hormiga soldado** *hacker* más famosa del Oeste por ser implacable contra los ciberataques al AntzValley. Alex era una hormiga blanca, dura y atlética que destacaba por encontrar salidas y soluciones donde no las había. Alex había sido entrenada en la Ant-ZIA en situaciones límite y conocía prácticamente todos los trucos de los *hackers* más temidos y por esto y haciendo honor a su nombre, la llamaban "la Protectora". Alex era respetada por los zánganos magníficos porque en cierto modo sabían que era de las pocas hormigas que podía acabar con sus sistemas.

Por su parte, Alex, desde la llegada de las etiquetas y más aún con los robots hormigoides que se estaban implementando en el Oeste, se había dado cuenta de que algo no iba bien y que estaban relegando a las hormigas, incluso las soldado. Los zánganos oligarcas del Oeste no imponían órdenes directas como la Emperatriz, sino que prometían ser herramientas de "personalización y nuevas aplicaciones". A través de vibraciones suaves y sugerencias aparentemente útiles, dirigían a las obreras hacia rutas más largas o túneles con poca eficiencia o a las soldado a callejones sin salida. La experiencia de Alex en la Ant-ZIA le enseñó que los callejones sin salida no llevaban a ningún sitio más que la muerte. Lo que las hormigas no sabían era que cada movimiento que hacían alimentaba los servidores de los zánganos, acumulando datos para maximizar sus beneficios.

Los últimos anuncios de Truhan sobre deportaciones de hormigas a sus hormigueros de origen o grandes inversiones en cielos de nubes de datos acabaron de llamar la atención de Alex que empezó a investigar. Alex, como buen *hacker*, sabía que lo importante no es la tecnología, sino quien está detrás. La mayoría de las hormigas *hacker* eran hormigas brillantes de otros hormigueros. La mayor cualidad de un *hacker* es la capacidad de aprender y de enfrentar desafíos, y no entendía por qué ahora querían substituir a sus compañeras con robots hormigoides y sistemas automáticos. Una noche, mientras revisaba los registros de datos, Alex descubrió algo inquietante: una sección de la nube estaba etiquetada como "Patrones de Comportamiento Anómalos". Decidió investigar y, para su sorpresa, encontró que el sistema estaba clasificando a las hormigas en perfiles según su nivel de obediencia. Alex había visto en sus años de servicio muchas cosas diabólicas, pero nunca una violación tan flagrante de los derechos de las hormigas.

Con la discreción que le caracterizaba, enseguida llamó a su amigo y confidente, Hinantz. Hinantz era una hormiga científica desterrada del AntzValley que entrenó las primeras IA y se dio cuenta de que, en las patas equivocadas, eran un peligro potencial y más aún con Emperatrices automáticas. En su momento, Hinantz renegó de los zánganos magníficos de las colonias del Oeste por no utilizar ni el método científico ni los valores que lo rigen en sus innovaciones, pero no le escucharon y se fue desterrado del Oeste. Hinantz había visto cómo sus innovaciones acababan sin filtros de seguridad, sin filtros éticos, sin control alguno sobre las consecuencias y que siendo así solo podían evolucionar a peor y ser utilizadas en contra de las hormigas. Hinantz, exiliado en Britantz, había recibido el premio Antzbel del Viejo Centro por aplicar los valores a la tecnología y porque era una de las hormigas con más conocimiento en IA que nunca había existido.

—Esto no es personalización. Esto es manipulación —murmuró Alex.

A pesar de su fachada calmada, Alex sentía un creciente malestar. Truhan estaba apoyando a los zánganos magníficos y sus innovaciones con el objetivo de volver a liderar el hormiguero del mundo. Además de apoyar a Elantz y el Antzgate, había empezado por intentar recuperar el control de las rutas del Néctar amenazando a todo el que le parecía importante para su control, el canal de Panamantz, el Viejo Centro, lo que fuera necesario. Alex, que había dedicado toda su vida a proteger el hormiguero del Oeste, veía cómo las decisiones eran tomadas por algoritmos que priorizaban a los zánganos sobre las hormigas que realmente trabajaban.

—¿Qué estoy protegiendo exactamente? —se preguntó.

Hinantz, con aspecto serio y de hormiga experimentada, le explicó que, en este modelo, las etiquetas personalizadas recopilaban datos de manera asombrosa; rutas, tiempos, sensibilidades, tics, preferencias, incluso sus reacciones neuronales. Alex empezó a darse cuenta de que tan solo los zánganos estaban aumentando su bienestar gracias a las propias ideas de hormigas para mejorar los algoritmos de las etiquetas y crear nuevos sistemas para controlar su atención.

—¡Es la economía de la atención! —gritaba Hinantz—. Es sencillo, el algoritmo te propone aquello que capta más tu atención a través de la etiqueta para que pases más tiempo enganchado, consumiendo o asimilando las órdenes y comunicaciones que ellos deciden que deben tener más peso y además, tus órdenes se alimentan de tus propios datos.

Alex, que había protegido la colonia del AntzValley desde sus inicios y conocía sus entresijos, empezó a ver cómo llegaban inmensos recursos del gobierno de la Reina Truhan, que servían para incrementar el poder de los zánganos de las colonias tecnológicas, pero no mejorar la vida de las hormigas que vivían y trabajaban en ellas. Alex que siempre había sido defensor de la innovación y la libertad, con Truhan vio que se estaban generando desigualdades nunca vistas. **Más que libertad, era liberalismo y más que "sin límites", era "sin valores" más que sus propios beneficios.** En aquel momento ambos se miraron con complicidad y Alex decidió empezar a crear una comunidad de hormigas soldado *hackers* llamada **Antznymous para ayudar a restablecer el equilibrio natural del hormiguero del Oeste y del mundo.**

Capítulo 3

El hormiguero del Viejo Centro: diversidad y complejidad

Las libertades del Viejo Centro

Entre Este y Oeste, estaba el hormiguero del Viejo Centro. Era, como suele ser el Viejo Centro, un lugar complejo de gobernar por su diversidad. En lugar de una Emperatriz del Este o unos zánganos magníficos todopoderosos, este hormiguero era una red de pequeños hormigueros con túneles interconectados, cada uno con sus propias reglas y forma de hacer las cosas. El Viejo Centro era conocido por su bienestar y había sido uno de los hormigueros líderes pero la burocratización, la falta de inversión en innovación y el enlentecimiento en las últimas décadas, lo habían hecho dependiente de Este y Oeste.

Todo y así, las hormigas del Viejo Centro eran famosas por su conocimiento y talento puesto que **la educación era uno de los pilares del Viejo Centro**, pero también por su capacidad para debatirlo todo. Ninguna decisión se tomaba sin pasar por interminables comités donde se discutían sus beneficios, riesgos y, sobre todo, su impacto en los valores y libertades del hormiguero del Viejo Centro: **dignidad, democracia, igualdad, justifica y derechos fundamentales de las hormigas**. Voces internas lideradas por Letantz al ver lo que pasaba con Este y Oeste, habían pedido **una 5ª libertad, la de la educación e innovación**.

Este modelo tenía sus fortalezas. Las etiquetas, como el resto de las herramientas, no podían imponerse sin antes cumplir con rigurosos estándares éticos y legales, pero esa fortaleza se había convertido también en su debilidad. Mientras los hormigueros de Este y Oeste avanzaban a toda velocidad, el Centro a menudo se quedaba atrapada en sus propias reglas, discusiones, adoptando normativas después de las tecnologías y, en muchos casos, importándolas de fuera aumentando su dependencia y aniquilando así sus propias pequeñas colonias tecnológicas que debían luchar para cumplir la regulación a la vez que innovar lo suficiente para diseñar etiquetas atractivas. El hormiguero del Viejo

Centro estaba perdiendo competitividad debido al desarrollo tecnológico a la par que reduciendo su bienestar de manera acelerada. Mientras que Este y Oeste llevaban decenios invirtieron en innovación, buscando materiales y construyendo sus rutas, nuevos túneles y colonias especializados con el entusiasmo de una obrera descubriendo néctar fresco, el centro se había enlentecido y es por ello por lo que **su bienestar, construido durante siglos estaba comprometido.**

El corazón del Viejo Centro era la colonia de Antzelas. Si Antzhen era control y precisión y el AntzValley, mercado y personalización, Antzelas era discusión, diversidad y, a veces, consenso. Aquí, las decisiones no las tomaba una Reina, sino la Comisión de Hormigas Reinas del Viejo Centro, donde cada innovación tecnológica debía ser debatida y aprobada por comités formados por las hormigas que habían sido escogidas a tal efecto —y las más propensas a discutirlo todo. Aunque a veces parecía caótico, este sistema reflejaba los valores del Viejo Centro de democracia, colaboración e igualdad.

El Viejo Centro en un túnel sin salida

En Antzelas vivía Eva. **Eva era una hormiga granera** que encajaba perfectamente en este entorno. Eva destacaba por su delgadez, propia de quien solo se alimenta de grano, pero su presencia no dejaba indiferente a nadie, tanto por su carisma como su pasión al actuar. Eva trabajaba de administradora en el Departamento de Competencia y Regulación Tecnológica de la Comisión, donde se encargaba de evaluar los riesgos y beneficios de las nuevas herramientas que se introducían en los hormigueros del Viejo Centro. Últimamente, su atención se había centrado en las etiquetas inteligentes que estaban siendo importadas de Antzhen como parte de la Ruta del Néctar de los Hormigueros del Mundo y las que venían de las colonias tecnológicas de AntzValley. Desde el primer momento, notó algo extraño: las etiquetas parecían diseñadas no solo para ayudar, sino para manipular. Las sugerencias de rutas, las compras y las tareas favorecían a todo lo que venía de Este y Oeste, **debilitando aún más las colonias pequeñas del Viejo Centro**.

Pero no eran solo las etiquetas lo que ocupaba la mente de Eva: eran todos los productos que alimentaban las fábricas de IA, las nubes y los árboles de conexiones y que eran "imprescindibles" para el funcionamiento de todos los hormigueros "inteligentes". Las etiquetas inteligentes, los sensores de movimiento, las conexiones, los robots hormigoides, las supercomputadoras, los dispositivos para producir energías renovables y otras tecnologías que llegaban de Este y Oeste y que se estaban adquiriendo bien por falta de producción, bien por ser más competitivos que los del Viejo Centro. **En ambos casos, los valores ni los intereses eran los mismos que los del Viejo Centro.**

Eva no podía ignorar su creciente **preocupación por la dependencia del Viejo Centro** a la vez que observaba como las redes de comunicación Antztagram, Z-antz o GPTantz, entre otras, en manos de los zánganos del Oeste, estaban **enviando mensajes cada vez más polarizantes manipulados** entre lo que ellos consideraban buenas y malas hormigas de todo el mundo (**"¡Utilizando nuestros propios datos!"**, gritaba Eva interiormente). Cada vez más hablaban de hormigas del norte y del sur, rojas o negras, hormigas con antena derecha o izquierda, **las unas contra las otras,** en definitiva.

Cada vez que aprobaban una nueva tecnología importada, parecía que el Viejo Centro estaba cediendo más control a terceros. "¿Qué pasa cuando todas nuestras decisiones están dictadas por sistemas que no reflejan nuestros valores?", "¿Qué pasa cuando nuestros datos están controlados por esos valores?", comentaba Eva en el chat clandestino con Ming cada vez con más asiduidad.

"Que seréis controladas por una Reina, zángano magnífico o Emperatriz, o peor, moriréis en túneles oscuros como Lian", le explicó Ming. La confianza entre ellos crecía al ritmo de la desconfianza de ambos en el sistema. Ming daba a Eva una perspectiva única y Eva daba esperanza a Ming que **había hormigas que querían liderar su futuro**.

Eva sabía que tanto Truhan y los zánganos magníficos del Oeste como Jinpant y los zánganos fundadores del Este veían la tecnología como una herramienta de poder, más que como un medio para empoderar a las hormigas, y eso sin hablar del resto de especies o del propio planeta. En el Viejo Centro, cada nueva colonia, nido, túnel o agujero necesitaba ser tramitada y **no se centraban los recursos en un plan común de innovación y de apoyo a las pequeñas colonias propias**. El Viejo Centro empezaba a ser consciente de ello, no sabemos si tarde, y planteó un plan que, en lugar de la Ruta del Néctar, lo llamó **la Brújula de Datos del Viejo Centro**. Este retraso estaba dejando espacio para que otros tomaran decisiones en su lugar. "Estamos atrapadas en un túnel sin salida", comentó Eva en una reunión. "Mientras nosotras debatimos, ellos construyen la próxima tecnología, el próximo túnel y nos hacen pasar por él, nos guste o no".

Hay que decir que Eva también se dio cuenta de que otros hormigueros emergentes del mundo que habían sido innovadores crecían de manera ágil y **el mundo empezaba a ser multipolar y no bipolar** y nuevos hormigueros jóvenes de Antzafrica, grandes hormigueros del Este como Antzdia, Antznesia, hormigueros afortunados como Arantz y hormigueros emergentes en Antzlatina invertían, apostaban y se alineaban para crear un nuevo orden mundial alternativo a la Organización de las Hormigas Unidas liderada por el Oeste, con el nombre de Bricantz liderada por el Este. Cada uno escogía uno u otro según convenía. **El mundo estaba dividido y el Viejo Centro en un túnel sin salida.**

Eva, Valentina y la Brújula de Datos

En las últimas semanas, el Viejo Centro había tenido tensiones comerciales con el Este y Oeste por querer establecer unos criterios para la implementación de etiquetas con transparencia y preservando los valores del Viejo Centro. Los zánganos de Este y Oeste reaccionaron haciendo alarde de su poder y amenazaron con conflictos económicos a la vez que utilizar sus mejores tecnologías de "defensa" para el ataque e impidiendo que las colonias del Viejo Centro pudieran vender sus productos en el Este y Oeste. La situación global era tensa, con 50 conflictos activos entre hormigueros y la amenaza de utilizar armas nucleares, drones autónomos o ataques cibernéticos controlados por las propias Reinas de IA, incluida la Emperatriz, **el panorama era muy preocupante.** Las Reinas, los oligarcas y algunos zánganos estaban instalados en el modelo de liderazgo "a ver quién llega más lejos", lo cual no auguraba nada bueno para las hormigas, las colonias y los hormigueros más pequeños.

Las representantes de la Comisión del Viejo Centro, preocupadas, solicitaron varios informes para conocer la magnitud de la amenaza. Uno de ellos fue el de Antzghi, una hormiga Reina célebre, que decía lo que Eva llevaba tiempo pidiendo, **más inversión, más innovación, menos regulación y una revolución de la simplificación y** en base a esto, publicaron **la estrategia de la Brújula de Datos,** pero, mientras tanto, en el Viejo Centro, cada decisión tecnológica pasaba por una maraña de pasos. "Es como un túnel infinito donde cada hormiga tiene su propia linterna, pero nadie sabe hacia dónde ir", pensaba Eva.

Mientras la Comisión discutía, Eva se encontraba en una sala de reuniones improvisada, rodeada de ingenieras, recolectoras y soldados. Sobre la mesa había una etiqueta inteligente que Eva había desmontado minuciosamente la noche anterior. Cada pieza brillaba bajo la tenue luz bioluminiscente, como un rompecabezas que guardaba más secretos de los que debía.

—Mirad esto —dijo, levantando el diminuto chip central—. Esto no es solo una herramienta. Es un espía. Estamos en riesgo.

—**La tecnología no es neutral ni tampoco controlamos quién la controla.** Refleja los valores de quienes la diseñan y la tienen quienes invierten. Si permitimos que el Este y el Oeste definan nuestras herramientas, también definirán quiénes somos.

—Todo estaba diseñado para beneficio de los zánganos, no de las obreras. En Antzhen, las etiquetas te ordenan. En el oeste, te manipulan. ¿Qué prefiero? ¿Una bofetada directa o una puñalada por la espalda? —exclamó Eva, con un humor del que no piensa tirar la toalla por el túnel de reciclaje.

Las demás hormigas se inclinaron hacia adelante con sus antenas temblando de curiosidad.

—Estas etiquetas no solo optimizan rutas ni asignan tareas. Están recolectando todo: desde nuestra productividad, nuestra situación hasta... nuestras emociones. —Eva lanzó el chip sobre la mesa como si quemara—. **¿Quién está conmigo en que debemos cambiar esto?**

Hubo un murmullo de indignación entre las asistentes. Una hormiga leona levantó su pata. Era Valentina, una hormiga fuerte y capaz que era respetada por toda su colonia. Valentina sintió que era el momento para levantarse o perderían su libertad, y le dijo a Eva que se ofrecía voluntaria para luchar por sus derechos lo que fuera necesario. **Tantos años luchando** por los derechos de las hormigas **como para perderlos por** no poner el talento a trabajar y **no poner freno al control de nuestros datos.**

Eva la miró con seriedad y dijo:

—Eso es exactamente lo que creo. Nos están monitoreando. El problema es cómo revertirlo.

—¿Por el bien de quién? —replicó Eva—. Porque lo único que veo aquí es que estamos convirtiendo nuestras vidas en productos que benefician a un puñado de zánganos. **Esto no es personalización, es alineación.**

Las hormigas presentes murmuraron entre sí. Algunas movieron las antenas en señal de apoyo, pero otras bajaron la mirada temerosas de ser marcadas como subversivas. En aquel momento Eva y Valentina se miraron y **se dieron cuenta de que, o ellas lideraban su futuro, o enviaban la vida como la habían conocido a un túnel oscuro de la historia.**

Sin rebelión no hay revolución

Desde el primer contacto, la conexión entre Ming y Eva fue natural, aunque literalmente fue a través del foro clandestino de la internet oscura, lleno de hormigas frustradas por los zánganos. Al principio, el intercambio entre ellos fue cortés pero distante. Ming estaba acostumbrado a que cualquier pregunta sobre las etiquetas terminara con una advertencia de los zánganos o una derivación a los túneles. Pero Eva, con su sarcasmo y sus preguntas directas, lo desarmó. Pronto estaban intercambiando ideas como dos hormigas en un túnel sin supervisión. Ming y Eva sabían que era el momento de la acción.

En una de sus conversaciones, Eva escribió:

"En resumen, según el Este eres un robot bajo sus órdenes, y en el Oeste, un producto bajo sus recomendaciones. Qué maravilla de opciones".

Ming no pudo evitar reírse.

"Exacto. ¿Y en el Viejo Centro?"

"En el Viejo Centro, nos peleamos sobre cómo no ser robots ni productos. Pero mientras tanto, terminamos siendo ambas cosas".

Eva, navegando por la internet oscura, descubrió que incluso los *hackers* más experimentados hablaban con admiración de una hormiga soldado en el Oeste que parecía saber más que nadie de *hackear* sistemas: lo llamaban "el Protector".

Eva, que siempre había tenido antenas en todas partes, consiguió su huella digital y decidió contactar con ella a través del foro clandestino que usaba con Ming.

"¿Así que tú eres la hormiga que cree que las etiquetas están al servicio de los zánganos?", dijo Alex, al ver por primera a Ming.

"¿Y tú eres la hormiga que *hackea* datos a los mejores zánganos?", respondió Ming, con una sonrisa.

Eva, acostumbrada a mediar, intervino antes de que la conversación se desviara:

"Estamos aquí porque sabemos que esto no es bueno para las hormigas. Las etiquetas del Oeste manipulan. Las del Este controlan. Y el Viejo Centro… al final todas las hormigas atrapadas. Si no hacemos algo, ninguna de nosotras tendrá libertad".

Alex asintió lentamente y pensó: "¿Quién es esta hormiga tan atractiva?". Aunque su instinto era no confiar en nadie, algo en la convicción de Eva y la mente aguda de Ming le convencieron de seguir adelante.

"Vale. ¿Qué proponéis?", preguntó finalmente.

"Primero, necesitamos entender cómo funciona todo el sistema y en especial las etiquetas y como están conectadas en todo el mundo", dijo Ming. "Y luego, necesitamos encontrar una forma de desactivarlas sin destruirlas y crear un nuevo sistema que nos beneficie a las hormigas, no nos controle".

"¿Por qué no destruirlas?", preguntó Alex, arqueando una antena.

"Porque no se trata de destruir la tecnología", respondió Eva. "**Se trata de usarla para empoderarnos, no para esclavizarnos**".

A medida que hablaban, los 3 compartían que los sesgos no eran un error; eran un reflejo de los valores de quienes habían diseñado los algoritmos.

"La IA no es imparcial", escribió Ming. "Refleja a quien la programa y los sesgos en los datos. Y si quien la programa no tiene nuestros valores, las hormigas nunca tendremos derechos".

Eva estuvo de acuerdo.

"Necesitamos una revolución y no hay revolución sin rebelión. Y no se trata de una revolución de la simplificación, se trata **una revolución por un nuevo liderazgo, el de nuestras vidas".**

Alex se mostró distante en la llamada, pero al final les dijo: "Nos veremos en la oscuridad". Le guiñó el ojo a Eva, y ella le dio una ruta encriptada para conectarse a su canal clandestino para seguir con el plan.

Aunque estaban en extremos diferentes del planeta, todos sabían que habían encontrado aliados en su lucha. Ming, Alex y Eva estaban enfrentando el mismo reto desde diferentes hormigueros del mundo. Ming estaba buscando cómo utilizar la tecnología reprogramando etiquetas y códigos para devolverles a las obreras su autonomía perdida. Eva, por su parte, estaba buscando la manera de tener un sistema que permitiera empoderar a las hormigas usando la tecnología de manera colaborativa y abierta, y Alex había empezado a crear su comunidad de talento Antznymous necesaria para cualquier revolución. **Sus caminos estaban destinados a luchar juntos.**

Capítulo 4

La guerra por el néctar del mundo

El poder en pocas patas

En aquellos tiempos, la realidad de los hormigueros del mundo era que el Este y el Oeste luchaban por controlar la Ruta del Néctar, una red global de comercio, materiales y recursos esenciales, infraestructuras y datos. Oficialmente, la ruta era para "conectar al mundo", pero en realidad era una excusa para "controlar el mundo" y para ver quién podía ponerles más etiquetas a más hormigas, controlar más datos y hacer su hormiguero más grande, su Reina y sus zánganos más poderosos.

Todo era motivo de conflicto para el control, el canal de Panamantz, las etiquetas de Antzvidia, las de Antzwan, el sistema Deepantz o incluso Antzlandia, un hormiguero remoto bajo la supervisión del Viejo Centro, conocido por sus ricos recursos a la vez es que el frío extremo y que se había convertido en un elemento de disputa. En Antzlandia, no nacían hormigas, pero las hormigas soldado que eran destinadas por el Viejo Centro vigilaban los recursos entre ventiscas y robots hormigoides enviados por potencias extranjeras. "Si no fuera tan frío, ya habría un conflicto armado aquí", decía una soldado mientras recogía las hojas que producían con hidroponía para su autoconsumo. Tanto el Este como el Oeste veían en Antzlandia una oportunidad para consolidar su dominio tecnológico y de defensa del camino Norte de la Ruta del Néctar.

Mientras tanto, las colonias emergentes de Antzafrica y Antzlatina intentaban negociar su propia entrada en el mercado global, pero sus recursos naturales, en especial minerales esenciales, eran explotados por Este u Oeste a cambio de túneles o nidos. Tanto los zánganos fundadores del Este como los zánganos magníficos del Oeste competían por establecer acuerdos con los hormigueros locales. La Ruta del Néctar del hormiguero del Este era en realidad la ruta por las materias primas y recursos para sus propias factorías de IA y en un sentido más pragmático, lo mismo con los zánganos del Oeste y así con todas colonias que tenían recursos esenciales, hormigas con talento o tecnologías imprescindibles como las etiquetas de Antzwan.

Antzwan, aunque era una pequeña colonia de hormigas isleñas, era muy poderosa porque habían conseguido desarrollar una tecnología única para producir las etiquetas necesarias para prácticamente todos los dispositivos de las factorías de IA, las nubes y árboles de conexiones. El mundo hormiguero dependía de Antzwan porque eran únicos y Jinpant lo sabía. **"Controlar Antzwan es como controlar el néctar de los dioses"**, decía con frío pragmatismo. En Antzwan, los robots hormigoides patrullaban los túneles, mientras las obreras trabajaban sin descanso para fabricar las preciosas etiquetas. Los zánganos fundadores veían Antzwan como una colonia propia clave para consolidar su control tecnológico, mientras Truhan defendía su independencia para mantener el flujo de etiquetas hacia el Oeste.

Este conflicto escaló aún más cuando los zánganos magníficos y Truhan penalizaron el néctar, las semillas, las etiquetas y los productos provenientes del Oeste argumentando que las condiciones de producción eran "anticompetitivas" y "manipulativas". Jinpant y los zánganos fundadores respondieron restringiendo el flujo de minerales hacia el Oeste, desatando lo que se llamó **"La Guerra por el Néctar"**. Mientras las hormigas sufrían el impacto de la falta de acceso a las semillas, las etiquetas, el néctar y el aumento de precios por las restricciones de recursos, los zánganos oligarcas seguían acumulando poder porque eran más caros.

Truhan, en uno de sus discursos a través de Z-antz y otros medios afines, afirmó:

—Defenderemos la libertad de las nuestras colonias y aliados. Pero también nos aseguraremos de que esas colonias sepan quién les asegura esa libertad.

A su vez, era una forma de asegurarse de que las etiquetas de Antzwan continuaran alimentando las factorías del Oeste. Truhan y los zánganos del Oeste promovían **una ideología conocida como "tecnología liberal"**. Esta no era una tecnocracia tradicional, sino una forma de ver la tecnología como un proceso de transformación cultural y político capaz de resolver cualquier problema. "No necesitamos Reinas ni comités ni tantas hormigas de otros hormigueros. Necesitamos algoritmos, robots hormigoides y zánganos tecnológicos visionarios", era el mantra en sus reuniones.

Mientras tanto, en el Este, los Jinpant y los zánganos fundadores junto con la Emperatriz observaban cómo el Este, bajo su mandato, se había convertido en una potencia tecnológica. **Su modelo de "comunismo automatizado"**, basado en sistemas de crédito social de control total a través de la Emperatriz, atraía a colonias aisladas que buscaban alternativas al dominio del

Oeste. Con proyectos como la Ruta del Néctar, el Este consolidaba su influencia en regiones como Antzlatina o Antzafrica.

De hecho, los padres fundadores del Este llevaban años trabajando La Ruta del Néctar de los Hormigueros del Mundo en la que buscaban nuevos hormigueros ricos en minerales esenciales y otros recursos naturales necesarios para las etiquetas y sus hormigueros. En esta ruta habían llegado a acuerdos con la mayoría de los hormigueros aparentemente humildes, pero **colonias ricas en recursos naturales, el capital natural, lo llamaban**. Lo mismo con el talento, **la ruta de las hormigas genio azules, lo llamaban**.

Un hormiguero mundial automatizado

En contraste con los sistemas naturales, los sistemas artificiales impuestos a través de las etiquetas por zánganos del Oeste y padres fundadores de la Emperatriz intentaban reemplazar la espontaneidad natural de los sistemas vivos con rigidez y control, olvidando que las hormigas no solo son trabajadoras incansables, sino también creativas y profundamente interconectadas con la naturaleza, entre ellas y con el entorno.

De manera separada, en cada uno de sus hormigueros, lo que Ming, Alex y Eva veían **un nuevo "orden**

automatizado" impuesto por la tecnología, donde cada decisión estaba preprogramada y donde **la libertad y creatividad eran un riesgo, no una virtud ni un derecho.**

Desde el Este, Jinpant presentaba **este orden artificial como el futuro merecido e inevitable, mientras que, en el Oeste, era una promesa de triunfo de Truhan.** Los padres fundadores de la Emperatriz insistían en que la eficiencia era la clave de la supervivencia en un mundo competitivo y era el antídoto para la supervivencia de todo el hormiguero, para curar enfermedades, producir energía o resolver cualquier problema anteriormente complejo. Para Ming, esta obsesión por la perfección estaba eliminando la libertad de las hormigas.

—Hemos cambiado la colaboración por el control —pensó mientras recorría los túneles iluminados, rodeado de carteles que decían cosas como "La Emperatriz del Este sabe lo que es mejor" y "La eficiencia es felicidad".

Eva también pensó que la **creatividad había sido reemplazada por la conformidad, y el trabajo en equipo fue suplantado por la obediencia ciega.**

De momento, el Centro tenía una brújula, pero necesitaba velocidad y recursos para implementarla y no sabía si estaban a tiempo.

Alex, por su parte, llevaba tiempo investigando lo que estaba pasando a través de contactos en la internet oscura y como buen soldado, estaba organizando Antznymous con hormigas *hackers* rebeldes porque sabía que tarde o temprano **habría que actuar para combatir todas aquellas injusticias con conocimiento.**

Los robots hormigoides y el Néctar de Datos

Tanto las infraestructuras tecnológicas de Antzhen como en el AntzValley eran verdaderos espectáculos de ingeniería: cámaras, sensores y etiquetas inteligentes conectadas a través de redes inalámbricas, datos transmitidos a servidores de alta capacidad, y todo esto respaldado por una red de satélites conocida como Antzlink en el Oeste o sus equivalentes en el Este, el Árbol de Conexiones del Té. **Todas las tecnologías parecían tener dos versiones, Este y Oeste.** El Oeste acusaba al Este de copiar su tecnología, mientras que el Este acusaba al Oeste de monopolio, mientras que el resto consumían unos u otros. Todos los dispositivos recopilaban información que servía para devolver órdenes los 365 días todo el día, calculando cada movimiento sin desconexión. "Gira aquí, descansa, recomienda esto, consume este néctar, adelgaza, recoge estas semillas, sonríe, etc. etc".

Ming, sin embargo, lo entendía perfectamente.

—Es como si estuviéramos trabajando para ellas, no al revés —pensó, mientras un robot hormigoide, que pasaba zumbando por el túnel, le lanzaba un chirrido de advertencia. En el hormiguero del Este, la perfección tecnológica era tan abrumadora que incluso los túneles parecían diseñados por un arquitecto obsesionado con la simetría, pero las etiquetas inteligentes, diseñadas para dirigir a las obreras y soldados, no eran las únicas estrellas del sistema. Había un nuevo jugador en escena que estaba cambiando las reglas del juego: los **robots hormigoides.**

Estas pequeñas maravillas tecnológicas, del tamaño exacto de una hormiga y con patas mecánicas que parecían bailar al ritmo de un algoritmo, **estaban diseñadas para hacer casi todo lo que las obreras hacían... pero mejor.** Los robots no solo cargaban néctar; lo analizaban, clasificaban y, si encontraban algo raro —digamos, una hoja con menos de 97% de nutrientes óptimos—, lo descartaban sin pestañear (o lo que sea que hagan los robots cuando toman decisiones). El hormiguero estaba plagado de estos pequeños ingenios, y los zánganos y los padres fundadores no podían estar más felices. "Son el futuro", decían, mientras contemplaban con orgullo a los robots moviéndose en perfecta sincronía. Pero para las obreras, no todo era tan brillante.

Para Ming, eran una nueva amenaza. En una inspección rutinaria, Ming confirmó que los robots **no solo sustituían a las obreras, sino que también las observaban.** Un registro de código mostraba que los robots enviaban datos sobre las hormigas: frecuencia de pasos, ritmo de trabajo, incluso sus niveles de "emociones improductivas".

—Ahora ya no solo nos controlan con las órdenes a través de las etiquetas, sino que observan como las seguimos. **Esto es opresión disfrazada de progreso** — murmuró mientras desactivaba un robot hormigoide para examinarlo más a fondo.

Los robots hormigoides habían empezado como una solución para tareas pesadas. "Dejemos que las obreras se concentren en lo que realmente importa", dijeron los zánganos al principio. Pero pronto, los robots comenzaron a ocupar puestos que no solo requerían fuerza, sino también ingenio. Diseñaban túneles, calculaban rutas, y lo que era peor: empezaron a crear. Una tecnología llamada GPTantz y sus equivalentes como Deepantz, permitía a los robots comunicarse con las hormigas en su idioma y crear. Lo llamaron el **"Néctar de Datos" porque sabía cómo transformar los datos en ricas creaciones de la misma manera que las hormigas, o mejor.**

GPTantz se presentó como una aplicación que permitía crear y en palabras del "profeta" cambiaría la manera de crear y vivir de las hormigas. En el Este hicieron lo propio y lo llamaron el Néctar de Datos porque generaba datos sintéticos incluso sin necesidad de intervención de las hormigas. La gran revolución fue introducir el Néctar de Datos en los robots hormigoides y crear robots creativos.

Sí, los robots creativos eran la última innovación en Antzhen. Uno de ellos, llamado **Artipata**, había diseñado patrones decorativos para los túneles para aumentar la visibilidad que se hicieron virales en todo el hormiguero. "Es arte funcional", proclamaban los zánganos mientras observaban con admiración un túnel adornado con motivos de hojas pixeladas. Pero para las ingenieras hormigas, esto era un golpe bajo. "Primero nos quitan las tareas pesadas, y ahora nos roban el único espacio donde podíamos crear", murmuró una de ellas.

Ming se sentía muy culpable. Desde su posición en la División de Innovación Estratégica, había supervisado la introducción de los robots hormigoides, y aunque al principio pensó que eran una herramienta útil, ahora lo que deseaba ver era como desactivar todo el sistema, incluida la Emperatriz. "Estamos reemplazando hormigas con máquinas", pensó. Incluso las etiquetas estaban comenzando a recibir actualizaciones para que se sincronizaran mejor con los robots, relegando aún más a las obreras.

La combinación de robots y etiquetas era tan eficiente que daba miedo. En una ocasión, un túnel colapsó, los robots hormigoides llegaron antes de que las obreras pudieran reaccionar, reconstruyendo la estructura en tiempo récord. Si una recolectora perdía el ritmo —quizá porque su etiqueta vibraba tarde—, un robot tomaba su lugar sin que nadie lo notara.

La Emperatriz y los zánganos fundadores estaban encantados. Para ella, los robots eran el complemento perfecto para su sistema. Si las cámaras eran los ojos en el hormiguero y las etiquetas la comunicación, los robots eran las extremidades. Pero para Ming, esta perfección era un coloso con el que debía luchar antes de perder algo esencial: **su identidad.**

Lo mismo pasaba en el Oeste. Los zánganos magníficos del Oeste, famosos por sus antenas perfectamente pulidas y su habilidad para vender cualquier cosa, controlaban prácticamente toda la tecnología que llegaba a los hormigueros del mundo. En los hormigueros del Oeste, los robots hormigoides eran productos que las colonias tecnológicas producían y vendían como churros. "Un robot para cada necesidad", anunciaba Elantz. Los había para recolectar, para cuidar las hormigas mayores, para diseñar túneles y, por supuesto, para analizar datos. Incluso habían creado un robot llamado **Dataantz**, que podía predecir qué túnel sería más productivo antes de que las obreras siquiera pensaran en explorarlo. "Es la personalización llevada al extremo", decían los zánganos, mientras las obreras se preguntaban por qué cada vez tenían menos cosas que hacer.

La libertad en la desconexión

Ming, después de estudiar todas las etiquetas y los robots y su programación, consiguió cambiar los códigos de su propia etiqueta para usar los datos según convenía, pero sobre todo para desoír las órdenes y ver qué influencia tenían en sus propias respuestas. De repente, Ming tuvo una sensación de desconexión y respiró. Empezó a recordar cosas que no recordaba, a pensar cosas en las que no pensaba y a imaginar cosas creativas. Era una liberación para su mente y su vida.

Ante tal hallazgo, convocó a Alex y Eva en su canal clandestino para compartir como hacerlo y que pudieran enseñárselo a otras.

Ming consiguió cambiar la rutina de manera que podía utilizar los datos que captaban y recibían sus antenas, pero no como orden sino como consulta lo que le permitía utilizar los datos con su conocimiento, no de manera automatizada.

"Es diferente tener un ayudante que te asista en el trayecto que un kamikaze al volante al que le importa poco tu vida", dijo Ming.

Alex y Eva hicieron lo propio y la sensación de alivio era tal, que las 3 hormigas saltaban de alegría y acordaron que ese era el primer paso de la revolución, cambiar el código de las etiquetas a tantas hormigas como fuera posible. Ming empezó a pensar que esa primera desconexión era el inicio de la revolución y que estaba en el camino de cumplir la promesa que hizo a Lian. Solo pensaba en que todo su trabajo de años no se volviera en contra de él, de sus seres queridos y de todas las hormigas. Los zánganos fundadores de la Emperatriz siempre habían vendido la idea de que la tecnología era la clave para un futuro próspero. Pero Ming sabía que, **tras esa sofisticada tecnología, se escondía algo básico y animal, el ansiado poder.**

Ming, Alex y Eva se pusieron a la labor de convocar tantas hormigas como fuera posible para **"desconectar para liberar"**, así fue como lo llamaron. Mientras que Alex llamaba a la acción a su red de Antznymous, Eva contacto con las líderes de colonias pequeñas para que hablaran con sus compañeras. La respuesta en ambos casos fue abrumadora y a medida que explicaban como desactivar etiquetas, las mismas hormigas, se encargaban de amplificar la señal y de añadir más hormigas por todo el planeta a su canal clandestino. De hecho, gracias a las hormigas de Antznymous habían conseguido crear nodos de una red por regiones, colonias y nidos con canales y túneles seguros. El boca-antena funcionaba y las hormigas acudían a las sesiones en los canales y túneles clandestinos en donde les explicaban cómo podían modificar el código de sus etiquetas para desoír "las recomendaciones" de sus vibraciones. La red de conocimiento de Alex, la habilidad técnica y el compromiso de Ming y el valor y liderazgo de Eva, eran una combinación bestial.

Con cada conversación, los tres no solo estrechaban su relación, sino que también trazaban los cimientos de lo que se convertiría en una revolución global. Ambos compartían una visión: la tecnología no era el enemigo, pero debía ser rediseñada para reflejar los valores de las hormigas no de unos pocos zánganos y Reinas oligarcas. Para Ming y Alex, esto significaba **desmantelar las barreras del control absoluto** tanto en el Este como en el Oeste. Para Eva, implicaba liberar a las hormigas del Viejo Centro de su dependencia tecnológica y devolverles su capacidad de crear por ellas mismas. Para todos era conseguir que la tecnología estuviera al servicio de las hormigas.

A menudo, Eva y Ming se reunían en el túnel secreto y, aunque la relación de Ming y Eva comenzó siendo puramente revolucionaria, pronto empezaron a compartir algo más, una amistad. Ming le contó cómo había crecido soñando con construir el hormiguero más eficiente, solo para darse cuenta de que la eficiencia sin valores era una trampa y con el traspaso de Lian su propósito era ayudar a crear un Nexo Vital entre las hormigas. Eva le habló de su frustración con la falta de entendimiento y acción común del Viejo Centro.

"Si tuvieras la oportunidad, ¿qué harías diferente?", preguntó Eva.

"Eliminaría los sesgos, devolvería la privacidad y haría que las etiquetas sirvieran a las hormigas, no al sistema", respondió Ming. "¿Y tú?".

"Lo mismo. Pero, sinceramente, empezaría con un botón de apagado para el Cielo de Nubes de Datos, el Árbol de Conexiones del Té y la Emperatriz".

Ambos rieron. Era la primera vez en mucho tiempo que sentían que no estaban luchando solos. Con cada conversación, Ming y Eva trazaban juntos un plan. Sabían que no podían derribar sistemas enteros de la noche a la mañana, pero también sabían que **el cambio empezaba con pequeños pasos y la valentía de ser rebeldes**. Aunque estaban separados por miles de kilómetros, su conexión les daba algo que no habían tenido en mucho tiempo: esperanza. Porque, como ambos sabían, si las hormigas podían reír juntas, también podían **cambiar el mundo**.

En uno de sus momentos más emocionantes, Eva le dijo a Ming:

"Tu nombre realmente te queda bien. Eres brillante, pero no por tus habilidades técnicas. Es por cómo ves a las hormigas. No como números, sino como lo que somos: una comunidad. Esa es la gran diferencia".

Ming, que no estaba acostumbrado a recibir cumplidos, respondió con una sinceridad que lo tomó por sorpresa incluso a él:

"Y tú eres vida, Eva. En un mundo lleno de zánganos y algoritmos, tú recuerdas lo que importa. La vida que hace realmente que todo esto tenga sentido".

Ambos palpitaban. Era un sueño compartido construido sobre ideales compartidos, una visión común y el coraje de enfrentarse a sistemas que parecían inquebrantables.

Fue Eva quien lo expresó mejor:

"La tecnología puede ser poderosa, pero nunca será lo que nos hace fuertes. Lo que nos hace fuertes somos nosotras: nuestras ideas, nuestras conexiones y nuestra capacidad de soñar juntas, incluso la imprevisibilidad de nuestra rebeldía".

Ming, con su característico humor, respondió:

"Y si alguien intenta quitarnos eso, bueno, siempre podemos *hackear* sus etiquetas".

Ambos rieron, pero sabían que estaban hablando en serio. Porque, al final, su amor no era solo una historia entre dos hormigas. Era la chispa que encendería una revolución que demostraría que, aunque el mundo estuviera dominado por zánganos y Reinas, las hormigas, cuando trabajan juntas, siempre encuentran un camino **y en el camino se enamoraron**.

Capítulo 5

El hormiguero al límite: liderar sus vidas

Las Lideresas de sus vidas

En Antzhen, Ming estaba decidido a desenterrar la esencia de lo que significaba ser una hormiga. Después de su descubrimiento con las etiquetas —donde comprobó que, sin las subrutinas invasivas, las obreras eran más creativas que cualquier algoritmo—, constató una verdad esencial: las hormigas no necesitaban que una Emperatriz del Este o un zángano con ínfulas de gurú tecnológico les dijera qué hacer, sino conocimiento y herramientas para decidir ellas. Lo que necesitaban era libertad para explorar, pensar y, sí, equivocarse de vez en cuando y tener acceso a los datos para hacerlo mejor.

Fue entonces cuando Ming empezó a pensar en el liderazgo de la revolución y los próximos pasos. Su objetivo no era destruir el sistema, sino devolverle su propósito original: ser una herramienta al servicio de las hormigas. "No se trata de romper las reglas, sino de reescribirlas". Y en ese momento decidió llamar a todas las hormigas que poco a poco se iban uniendo a la causa **"las Lideresas"**, porque todas querían tomar el control de sus vidas y porque el nombre le recordaba a Eva, la Lideresa a la que admiraba tanto.

A medida que las Lideresas se iban incorporando a la revolución, les enseñaban a "desconectar para liberar sus etiquetas" desactivando las subrutinas más opresivas. El primer éxito llegó en una pequeña colonia periférica, donde las etiquetas reprogramadas permitieron a las obreras organizar sus tareas de forma autónoma. El resultado fue sorprendente: la producción aumentó, y las obreras, por primera vez en años, comenzaron a hablar entre ellas, compartiendo ideas y estrategias.

Tan pronto reprogramaban las etiquetas, las obreras empezaban a charlar mientras trabajaban. Una recolectora se desvió de su ruta predeterminada y encontró un atajo a una fuente de néctar que ningún dron había detectado. Otra propuso una forma de usar hojas grandes como plataformas para transportar más carga de una sola vez. Era como si la chispa de la vida se hubiera encendido en los hormigueros. "Los algoritmos son buenos", pensó Ming, "pero no pueden competir con una hormiga curiosa".

La Emperatriz, con toda su capacidad de cómputo y algoritmos, podía procesar millones de datos por segundo, pero había cosas que simplemente no entendía. La improvisación, por ejemplo. Y aunque las Reinas analizaban cada interacción, no tenía el pensamiento crítico para cuestionar si sus propios cálculos eran los mejores.

Ming tenía cada vez tenía más claro cómo podría programar etiquetas para el uso de las hormigas y cómo el hecho de que las hormigas pudieran acceder a sus datos las empoderaría. Ming trabajaba incansablemente para formular un nuevo sistema que revirtiera el control. Su objetivo era simple pero audaz: **transformar un sistema diseñado para controlar en una herramienta para empoderar**. Mei le ayudaba intentando seguir su mente. Ming apreciaba a Mei porque era "su hormiga aprendiz". Cosa que pedía, cosa que Mei desarrollaba más allá de lo que esperaba. Mei era joven, pero le daba mil vueltas a la mayoría de los zánganos gurús que había conocido. Mei analizaba y diseñaba las líneas de código con una precisión quirúrgica como nunca había visto.

"Hemos logrado modificar las etiquetas, si consiguiéramos hacerlas independientes de la Reina, ya tendríamos la segunda batalla ganada. Si conseguimos que compartan datos directamente entre ellas, sin pasar por la Emperatriz, habremos ganado la guerra", dijo Ming con una sonrisa de pata a pata.

Pero la Emperatriz del Este no tardó en notar el cambio. Sus algoritmos detectaron anomalías, y los robots hormigoides fueron enviados a investigar. Ming y las Lideresas sabían que el tiempo corría en su contra.

Mientras Ming, Alex y Eva avanzaban con sus pequeños éxitos, también enfrentaban un enemigo implacable: los sistemas de defensa automáticos. En Antzhen, la Emperatriz del Este había desplegado drones para rastrear cualquier actividad sospechosa porque no confiaba en los soldados, igual que pasaba en el AntzValley. En Antzelas, las etiquetas del Oeste recopilaban tantos datos que era imposible moverse sin dejar un rastro. Era un juego del gato y el ratón, y Ming, Eva y Alex sabían que no podían permitirse errores.

Alex había estado reclutando voluntarios soldado *hackers* para las Lideresas gracias a su experiencia para la Ant-ZIA como hormiga soldado jefe. Alex conocía bien las vulnerabilidades de los sistemas: aunque las factorías de IA eran verdaderas murallas cibernéticas, para Alex no había muro que no pudiera ser saltado ni túnel que no pudiera ser encontrado. Alex, junto con las Antznymous, enseñaban a las Lideresas a burlar las murallas cibernéticas, desactivar las etiquetas que manipulaban y hacer independientes los códigos de las etiquetas de la Emperatriz del Este, del Antzgate y lo mismo con los cortafuegos de las colonias tecnológicas. Eva pensó que Alex era la hormiga con mayores habilidades que había conocido y un sentido de la justicia aún mayor.

Eva le dijo: "Las hormigas, como tú, Alex, siempre encuentran un camino, incluso cuando parece que no lo hay".

Lenguaje colaborativo de código abierto

En Antzelas, Eva también estaba introduciendo a las Lideresas al mundo del *hacking* ético, aunque con su propio estilo. En un taller clandestino, explicó a un grupo cómo modificar las etiquetas para que ofrecieran asistencia en lugar de órdenes. "No estamos rompiendo el sistema", dijo mientras una soldado levantaba la pata con cautela. "Estamos devolviéndole el sentido. Las etiquetas deben ayudarnos, no reemplazarnos".

El mensaje resonó profundamente. Valentina, visiblemente emocionada, propuso un sistema en el que las etiquetas pudieran aprender de las decisiones de las hormigas, en lugar de dictarlas, además de poder modificar las órdenes por ellas mismas y **compartir con**

un lenguaje común y abierto entre ellas. Eva lo llamó **"lenguaje colaborativo de código abierto",** un término que rápidamente ganó popularidad entre su equipo y todas las Lideresas de la Revolución.

Así, Eva, Valentina y las Lideresas, junto con las pequeñas colonias tecnológicas del Viejo Centro, se pusieron a desarrollar un lenguaje abierto para sus etiquetas para poder compartir la información con todas las hormigas. La idea era que fuera una alternativa a los lenguajes y sistemas del Oeste o del Este y que permitiera a las hormigas poder adaptarlo a sus necesidades y no al revés.

Cada vez más los robots hormigoides, los drones y las etiquetas estaban en alerta máxima por modificaciones del comportamiento de las Lideresas. Eva sabía que, para ganar la revolución, el movimiento no podía limitarse a unas pocas colonias.

Necesitaban un movimiento masivo, una red que conectara a las hormigas de todo los hormigueros del mundo. En una reunión clandestina, presentó su plan:

—Nuestra fuerza no está en las etiquetas, ni en los robots, ni en las Reinas. Está en nuestra capacidad de colaborar. Si unimos nuestras colonias, compartimos nuestros recursos y tomamos decisiones juntas, podemos demostrar que **no necesitamos un sistema ni cerrado ni controlado ni centralizado.**

El plan incluía **la creación de un sistema de datos abierto con un modelo de lenguaje propio hecho**

por y para las hormigas, donde cada colonia pudiera acceder a la información y a los algoritmos adaptándolos a sus necesidades sin depender del control del Este ni del Oeste. Valentina, siempre pragmática, levantó una antena.

—¿Y cómo hacemos eso para todas las colonias y sobre todo como evitamos que nos ataquen? Las Reinas no se quedarán quietas mientras pierden el control.

Eva respondió con determinación:

—No evitaremos el conflicto. Lo enfrentaremos con nuestra unión. Cada paso hacia la libertad requiere valentía, y nosotras estaremos listas. **Debemos decidir si ceder o tomar el control de nuestra vida** —dijo Eva con entusiasmo—. **Debemos ser las Lideresas de nuestras vidas.**

Cada vez más había más hormigas Lideresas en todas partes. Unas iban captando a otras y a medida que liberaban sus etiquetas, se volvían más activas de la causa. La mayoría de ellas se sentían como nunca, liberadas. Aunque estaban avanzando con la reprogramación de etiquetas y el lenguaje de código abierto, se dieron cuenta de que nunca se podría ser implementar en masa sin desactivar el poder centralizado de las fábricas de IA del Este y del Oeste sobre el sistema a la vez que tomar el control. Sin eso, no podrían ser nunca libres porque los sistemas se habían hecho tan potentes que se rearmaban solos continuamente.

En una reunión de coordinación, Alex, siempre pragmática, se cruzó de patas.

—Entonces, ¿cómo lo detenemos?

—No podemos simplemente apagarlas —respondió Ming—. Son demasiado grandes, demasiado integradas, demasiado inteligentes, saben demasiado de todas nosotras. "Pero sí podemos sabotearlas para que trabaje para nosotras", dijo Mei que casi nunca hablaba.

Eva sonrió.

—Así que vamos a darle una lección de lo que realmente significa ser creativa.

—¡Brava, mi querida Mei!

La situación era cada vez más tensa porque había Lideresas que habían sido retiradas a los túneles oscuros por robots hormigoides, otras que habían sido "reprogramadas" y muchas de ellas vivían con temor de no ser identificadas.

Los zánganos fundadores junto con la Emperatriz del Este habían intensificado su vigilancia con un programa llamado "Control total", mientras que los Zánganos Magníficos del Oeste habían mejorado sus productos para hacer un seguimiento exhaustivo de las hormigas.

Ming, Alex y Eva sabían que no tenían mucho tiempo antes de ser detectados y, justo en aquel momento, recibieron un mensaje encriptado desde un hormiguero del sur llamado Antzbio.

Las Semillas del Conocimiento

El mensaje de Antzbio era simple y dirigido a las Lideresas: "El futuro no se encuentra en el silicio, sino en la vida, en lo que crece. Si buscáis aliados, nos encontraréis en Antzbio". Ming leyó la nota varias veces, rascándose las antenas. Eva lo miró con una sonrisa sarcástica.

—¿Es eso una invitación o una advertencia?

—Espero que no sean ambas —respondió Ming, pensando en los riesgos.

Antzbio era un hormiguero poco conocido y único, especializado en biotecnología, que les ofrecía su ayuda. Antzbio estaba situado en el corazón de un bosque tropical. No era ni famoso ni tecnológicamente avanzado como Antzhen ni AntzValley, pero sus hormigas habían perfeccionado una tecnología diferente: la biotecnología basada en las propiedades de los organismos vivos.

De hecho, utilizaban organismos vivos, desde hongos hasta bacterias, para diseñar herramientas, nuevos alimentos, fuentes de energía, medicamentos y soluciones ecológicas.

—Dicen que ellos pueden diseñar desde túneles autorreparables hasta néctar que aumenta la energía — explicó Eva.

—¿Y eso nos ayudará con las Reinas y los zánganos? —preguntó Alex.

—Creo que sí, porque si podemos combinar su biotecnología con nuestras capacidades, tal vez tengamos una oportunidad —respondió Ming con determinación—. Aunque tendréis que ir a verlos.

Eva y Alex se miraron con complicidad y asintieron con las antenas.

Llegar a Antzbio no era tarea fácil. Los túneles estaban plagados de obstáculos naturales: raíces gigantes, charcos de agua desconocida y especies depredadoras que no entendían de colaboraciones internacionales. Pero la verdadera dificultad vino de un enjambre de robots patrulla enviados por los zánganos del Oeste y los satélites de Antzlink, que controlaban el planeta y parecían sospechar de cualquier movimiento inusual.

—¡Por aquí! —gritó Alex mientras un dron lanzaba pequeñas descargas eléctricas en su dirección.

—¿Qué clase de biotecnología puede contra esto? —gruñó Eva mientras lo esquivaba por poco.

Alex sonrió y señaló la entrada oculta. Era una abertura camuflada por una espesa capa de musgo brillante. Allí les esperaba una hormiga cortadora de hojas pequeña pero erguida y de aspecto inusual. Tenía un caparazón recubierto de una especie de bioluminiscencia y sus antenas eran más largas de lo normal.

—Soy Antha, la Reina de Antzbio. Bienvenidos —dijo con una voz profunda que contrastaba con su diminuto tamaño.

Dentro de Antzbio, Alex y Eva quedaron maravillados. Los túneles no estaban hechos de tierra compactada como los tradicionales, sino de una mezcla de fibras vegetales que parecían respirar. En las paredes crecían hongos que emitían una luz suave, suficiente para iluminar y mantener una temperatura agradable, pero no para dañar los ojos. Incluso las hormigas parecían diferentes, con caparazones más fuertes y patrones únicos.

—¿Cómo logran todo esto? —preguntó Eva, maravillada.

Antha respondió con orgullo.

—Usamos **biotecnología ética, la ciencia de trabajar con la vida como fuente de vida.** Aquí modificamos microorganismos para producir materiales, optimizar y producir energía y sanar las hormigas y el hormiguero. No necesitamos baterías ni IA, ni etiquetas; usamos lo que la naturaleza ya nos da de manera respetuosa.

Alex observó cómo una hormiga aplicaba un gel en una grieta del túnel. En segundos, la grieta comenzó a cerrarse.

—Eso es un compuesto de bacterias y hongos que segregan una sustancia similar a la tierra. Reparamos túneles en minutos y los aislamos de la conectividad de manera que somos invisibles e indetectables, vivimos bajo el radar digital de las fábricas de IA (por el momento) de los satélites, robots hormigoides o drones —explicó Antha.

Pero lo que realmente impresionó a Eva fueron las "Semillas del Conocimiento", un líquido brillante con semillas que, según Antha, mejoraba las conexiones neuronales de las hormigas, ayudándolas a procesar información más rápido, a comunicarse entre ellas solo con la mente y a colaborar de manera más eficiente sin necesidad de etiquetas. Alex quiso probar las Semillas del Conocimiento demasiado rápido y terminó con antenas vibrantes durante una hora y teniendo la sensación de que el mundo giraba en torno a ella.

Eva y Alex explicaron a Antha la situación: las etiquetas del Oeste, la Emperatriz, etc. y la necesidad de organizar la revolución con las Lideresas. Antha asintió, pensativa. Les explicó que les había escrito porque se sentían amenazados, ya que los zánganos magníficos del Oeste ya les habían ofrecido etiquetas gratuitas y los zánganos fundadores recursos a cambio de sus recursos naturales, pero de momento se habían negado a pesar de que sabían que estaban aislados y que eran una pequeña colonia en el mundo de las hormigas.

—Podemos ayudar. Ninguna comunidad puede triunfar sin colaboración y menos si es pequeña como nosotras.

El plan era ambicioso. Usarían las Semillas del Conocimiento para que las hormigas que tuvieran las etiquetas modificadas pudieran incrementar su capacidad y se comunicaran entre ellas, y los hongos biointeligentes para aislar los túneles refugio de las señales de control de los satélites, drones y robots hormigoides.

—¿Y cómo hacemos eso sin que nos descubran? —preguntó Alex.

—Para eso, necesitarán algo de nuestra bioluminiscencia adaptativa —dijo Antha, mostrando cómo su caparazón cambiaba de color al instante para camuflarse con el entorno—. ¡Ahora me veis, ahora no me veis! Utilizamos los recursos naturales para el *biohacking* —explicó.

—¡Quiero uno de esos! —dijo Alex con entusiasmo.

Antha solo les pidió que esta batalla sirviera para que Antzbio fuera siempre reconocido como un lugar protegido y respetado por todas las Lideresas y las hormigas en el futuro.

Esa misma noche, con su nueva tecnología bioluminiscente y cargados de Semillas del Conocimiento y hongos, el equipo partió hacia su misión más peligrosa. No tenían garantías de éxito, pero por primera vez, sentían que no estaban solos. **La colaboración entre los hormigueros estaba dando frutos.**

Y cayeron con todas las patas

Con cada nuevo descubrimiento, Ming y Eva fortalecían su visión de un futuro donde la tecnología estuviera al servicio de las hormigas, no al revés. Cada mensaje estaba cargado de complicidad y de sentimientos. Poco a poco, Ming estaba descubriendo que, además de ser un ingeniero brillante, tenía alma de rebelde. En Antzelas, Eva también estaba en pleno descubrimiento, se había convertido en una defensora de los valores esenciales. Pero lo que realmente la estaba sorprendiendo era la chispa que había encontrado en sus conversaciones con Ming y cómo no podía dejar de pensar en él, cómo sentía ganas de verlo y compartir conversaciones a todas horas y cómo sería… besarlo.

Esa noche Ming estaba en su rincón habitual esperando las noticias de Eva, Alex y las Lideresas. Seguía rodeado de líneas de código, pantallas con gráficos y un zumbido lejano de drones vigilantes que patrullaban el hormiguero. Aunque su entorno no podía ser más frío y calculador, esa noche tenía una chispa diferente: Eva estaba a punto de conectarse al otro lado.

En Antzelas, Eva también estaba trabajando desde su espacio clandestino. Para los dos, estas reuniones virtuales se habían convertido en un oasis en medio de un mundo que parecía empeñado en sofocar cualquier atisbo de vida.

"¿Sabes?", escribió Ming, con su característico tono reflexivo. "Es curioso cómo nunca imaginé que terminaría conectándome con alguien al otro lado del mundo. Menos aún con alguien como tú. Te he echado de menos."

Eva sonrió frente a su pantalla, aunque Ming no podía verla.

"¿Alguien como yo? ¿Una hormiga testaruda que se pasa el día desafiando zánganos?".

"No", respondió Ming rápidamente. "Alguien que me recuerda por qué todo esto importa. Antes de conocerte, solo quería vengarme. Ahora sé que quiero algo más. Quiero construir algo mejor. Y no puedo imaginar hacerlo sin ti".

Eva se quedó en silencio unos segundos, procesando sus palabras. Aunque no podía verlo, podía sentir la sinceridad en cada letra.

"¿Sabes qué es lo irónico?", respondió finalmente. "Estamos usando la misma tecnología que intentamos reformar para construir algo que los algoritmos nunca entenderían".

"¿El qué?", preguntó Ming.

"El amor", escribió Eva.

En ese momento, Eva tuvo una idea. Abrió un software experimental que estaba probando con su equipo gracias a las indicaciones de Alex: una interfaz de realidad virtual en la que las etiquetas no se podrían rastrear. Era un espacio seguro, un túnel digital donde las hormigas podían conectarse sin miedo a ser monitoreadas y donde podían verse y sentirse de manera casi real. Habían creado el prototipo para talleres colaborativos de las Lideresas, pero esa noche decidió usarlo para algo más personal.

"¿Confías en mí?", escribió Eva.

"Siempre", respondió Ming sin dudar.

Con unos pocos comandos, ambos se encontraron en un espacio virtual que no tenía túneles, ni gráficos de productividad, ni etiquetas vibrando en sus caparazones, aunque ellas vibraban de pura emoción. Era un espacio vacío, pero lleno de posibilidades.

"Esto… esto es increíble", dijo Ming, viendo a Eva por primera vez, aunque fuera en forma de un holograma en 3D. No había cámaras, ni filtros, ni algoritmos analizando sus movimientos. Solo eran ellos dos, en un espacio que nadie más podía invadir, la realidad virtual los acercaba y permitía que sintieran su tacto.

"Bienvenido a nuestro túnel secreto", dijo Eva, sonriendo. "Aquí, no hay etiquetas. Solo tú y yo". Ambos se miraron, o al menos lo más cercano a mirarse que permitía la interfaz. Pero su cercanía en ese momento era más real que cualquier cosa que hubieran experimentado en el mundo físico. Aquí no había barreras, ni sistemas de control que los separaran. Solo dos hormigas que habían encontrado en el otro una razón que les hacía vibrar al verse de pura emoción.

"Ming", dijo Eva después de unos minutos de silencio cómodo. "Quiero que sepas algo. Lo que estamos haciendo aquí no es solo para nosotras. Es para todas las hormigas que han olvidado lo que significa ser libres. Pero también quiero que sepas que, pase lo que pase, siempre estaré a tu lado".

Ming, que no era precisamente el más expresivo en lo emocional, encontró las palabras con una claridad que lo sorprendió: "Y yo estaré contigo, Eva. No importa dónde nos lleven estos túneles, ni cuán oscuro se vuelva el camino. Tú me enseñaste a ver más allá de las etiquetas, a imaginar un mundo mejor. Y quiero construirlo contigo".

Antes de desconectarse, Eva dejó un último mensaje en el aire: "Ming, nuestro amor es la prueba de que podemos construir esto entre nosotros, también podemos construir un mundo mejor para todas".

"Y lo haremos", respondió Ming. "Juntas".

Y ambas se fundieron en un vuelo nupcial para aparearse en aquel espacio virtual. Ninguno de los dos había disfrutado tanto de otro y fue el inicio de sus encuentros nupciales en el túnel secreto que unirían más que a dos hormigas.

Esa noche, aunque seguían separados físicamente, se fueron a dormir con la certeza de que **reescribirían el código de la vida de las hormigas y las suyas propias juntas.**

Capítulo 6

Un modelo propio: el poder de la descentralización

La Red de Nidos Libres

Después de su viaje a Antzbio, Alex y Eva explicaron a Ming que el mundo parecía pequeño porque las hormigas, fueran de donde fueran, tenían retos y valores semejantes, aunque sus culturas fueran diversas. Los hormigueros, las colonias, los nidos y las hormigas en sí siempre han trabajado de manera interconectada como superorganismo con nodos. Una red natural que replica su estructura en cada sitio y la adapta al entorno.

La liberación de las etiquetas seguía creciendo y el desarrollo de un sistema de datos abierto con un modelo de lenguaje colaborativo propio hecho por y para las hormigas estaba en marcha. Alex dijo que ahora había que conectarlas de manera que todas las hormigas del mundo pudieran tener acceso con las mismas oportunidades, les explicó que, junto con algunos de los mejores cerebros de Antznymous, habían pensado que la mejor solución era un sistema en el que **cada colonia pudiera acceder a toda la información** y a los algoritmos adaptándolos a sus necesidades sin depender del control del Este ni del Oeste, **gracias a un modelo descentralizado.**

Viendo su comportamiento y la necesidad de tener un sistema de almacenamiento y tratamiento de datos propio para controlar sus etiquetas y poder utilizar su propio lenguaje abierto en todas las colonias, hormigueros y nidos del mundo, Eva, Ming y Alex, con las Lideresas y los *hackers* de Antznymous, empezaron a trabajar en la idea de un **Hormiguero Multinodal que llamaron "La Red de Nidos Libres"** a propuesta de Antznymous. La Red de Nidos Libres debía substituir las fábricas de IA centralizadas bajo el control de los zánganos para pasar a estar al servicio de las hormigas. La Red de Nidos Libres debía ser un sistema descentralizado que permitiera a todas las hormigas de todas las colonias conectarse, compartir datos y realizar acciones de manera colaborativa, transparente y segura para toda la red sin que nadie pudiera llegar a centralizarla. Esta red se basaba en los principios de transparencia, colaboración y equidad.

"No se trata de reemplazar a las Reinas con una nueva centralización", dijo Alex en una de las reuniones". Se trata de crear un sistema donde cada colonia tenga acceso y copia, donde cada dato esté disponible para todas, y donde ninguna fuerza pueda controlar a las demás.

Tan rápido como Ming se desconectó de la conversación, corrió por las profundidades de los túneles de Antzhen. La idea era audaz: un sistema que permitiera a las hormigas compartir información directamente entre ellas, sin necesidad de que pasara por la Emperatriz ni por sus algoritmos centralizados.

Mientras tanto, en Antzelas, Eva también exploraba soluciones alternativas. Había descubierto en los archivos del Departamento de Regulación Tecnológica un informe antiguo sobre redes descentralizadas de datos, sistemas que promovían la colaboración y la transparencia sin depender de una autoridad central. Es decir, **redes de nidos de datos que trabajan en red y que comparten y replican la información, "*Blockchain o cadena de bloques*"**, lo llamaban en su lenguaje técnico, aunque Eva prefirió La Red de Nidos Libres. A diferencia de la Emperatriz o la Nube del Cielo de Datos que centralizaban todos los datos y decisiones, los Nidos de Datos Libres trabajaban de manera descentralizada y transparente replicando por todo el mundo su contenido y sin necesidad de grandes fábricas de IA.

—¿Qué pasó con nuestra capacidad de decidir por nosotras mismas? —preguntó Ming a Mei, a quien Ming consideraba hacía honor a su nombre, *tesoro*, mientras ajustaban los circuitos de un nuevo prototipo de etiqueta libre que ya funcionaba con el lenguaje colaborativo de código abierto. Para hacer una prueba, cambiaron la etiqueta a un robot hormigoide al que llamaron "Liberata" y que empezó a comportarse como un asistente de Ming y Mei, a ratos copiloto de tareas, a ratos agente de conocimiento dándoles buenos consejos.

—La Emperatriz nos convenció de que la eficiencia era más importante que la libertad —respondía Mei con un suspiro—. Y ahora, estamos creando una red propia porque hemos descubierto que la libertad se la cree y la crea uno mismo.

Ming asentía, decidido. La idea de "La Red de Nidos Libres" buscaba a su vez replicar el modelo descentralizado de las colonias y nidos tradicionales. Cada nodo de la red sería un nido independiente pero capaz de colaborar con los demás, garantizando que ninguna Reina, zángano o IA pudiera controlarlo todo. Era **una solución basada en el bien común y el consenso y no en la centralización y la opacidad.**

Mientras Eva diseñaba la gobernanza de la "La Red de Nidos Libres", Alex con la ayuda de Antznymous, la conexión y, mientras, Ming desarrollaba la tecnología de los pequeños "nidos libres". En su laboratorio, Ming y Mei trabajaban sin descanso para desarrollar el sistema. La solución pasaba por conectar las etiquetas liberadas con el Nido y estos a su vez con la Red de Nidos Libres del Mundo que trabajarían con el lenguaje colaborativo abierto.

Una noche en la que los túneles de Antzhen estaban tranquilos, iluminados solo por el parpadeo intermitente de las etiquetas inteligentes y el zumbido de los robots hormigoides. Ming y Mei, observaban su prototipo: una caja bioluminiscente a nodo de nido que prometía algo más grande que cualquier invento previo, "El Nido Libre". Mei, con sus antenas temblando de entusiasmo, asintió: era el comienzo de algo nuevo.

—Si esto funciona, las hormigas ya no necesitarán a la Emperatriz del Este para decidir por ellas mismas —susurró Ming, consciente de que las paredes del hormiguero también parecían escuchar.

Pero esto solo era el principio. Mientras Ming trabajaba en esto junto con Mei, Eva y Alex estaban organizando a las hormigas Lideresas además de Antznymous. La misión era clara: liberar a las hormigas del control de las etiquetas por parte de la Emperatriz del Este y los zánganos del Oeste y demostrar que podían colaborar de manera efectiva sin una autoridad central a través de la Red de Nidos Libres.

Las hormigas crean su propio modelo

En el Viejo Centro, Eva se enfrentaba a sus propios desafíos. Las Lideresas estaban creciendo, pero también lo hacía la vigilancia de los zánganos y sus etiquetas. En su oficina, Eva garabateaba mapas de túneles con flechas que representaban rutas de colaboración entre colonias pequeñas. Sabía que cada túnel representaba más que un camino físico; era una conexión entre hormigas, una oportunidad para recuperar lo que una vez habían perdido y un Nodo de La Red de Nidos Libres.

Ming trabajaba en cómo utilizar la tecnología mientras Eva construía el sistema y Alex miraba que fuera seguro y escalable. El plan básicamente tenía 2 componentes, primero liberar las etiquetas de las hormigas de su dependencia con la Emperatriz o las Factorías de IA cambiándolas por las de código abierto y montar una red de nidos computacionales descentralizados para todas las colonias que permitieran utilizar los datos en red, pero sin el control de la Emperatriz o los zánganos.

Todos empezaron a intercambiar planos, códigos y estrategias. Mientras tanto, las Lideresas trabajaban para movilizar a las obreras en sus hormigueros y Alex lideraba la comunidad de conocimiento Antznymous necesaria para la conexión y construcción de la Red de Nidos Libres. La idea era clara: demostrar que **un sistema**

descentralizado no solo era posible, sino también más justo y sostenible.

Una noche, las señales clandestinas de la red de Ming llegaron al Viejo Centro. En un pequeño túnel iluminado por musgos fosforescentes, Eva y Valentina recibieron un mensaje titilante en sus etiquetas modificadas: "El Nido Libre está listo. Probémoslo". Los pequeños Nidos Libres eran los Nodos de Datos de la Red de Nidos Libres.

Valentina, cuya valentía solo era igualada por su escepticismo, alzó una antena.

—¿Estamos seguras de esto? Si nos descubren, podríamos terminar aisladas en los túneles oscuros.

Eva, con su típica determinación, respondió:

—No podemos seguir permitiendo que decidan por nosotras. Cada túnel que abramos es una pequeña llama contra la oscuridad del control.

Esa misma noche, Ming y Mei, en un rincón olvidado de Antzhen, activaron el primer Nodo de la Red de Nidos Libres. En un instante, las etiquetas de las hormigas conectadas dejaron de vibrar con órdenes dictadas desde la Emperatriz del Este y comenzaron a enviar señales entre ellas mismas. Habían lanzado primera prueba de su red descentralizada. A la vez, conectaron varias colonias pequeñas del Viejo Centro y del Este a través de nuevos nodos. Las etiquetas inteligentes, modificadas para bloquear las vibraciones controladoras, ahora solo compartían información relevante y consensuada.

Los resultados fueron inmediatos. Las colonias que participaron reportaron un aumento en la moral de las obreras y una mejora en la eficiencia, no porque una Reina, la Emperatriz o un zángano les dijera qué hacer, sino porque cada una podía decidir cómo contribuir mejor y todo ello informarlo a través de la red descentralizada.

—Esto es lo que podemos hacer cuando somos libres y lideramos nuestro futuro —dijo Eva, observando cómo las hormigas celebraban su éxito.

Ming sabía que el tiempo se estaba acabando. Si los zánganos descubrían lo que estaban haciendo, no solo él estaría él en peligro, sino también todas las hormigas Lideresas que los apoyaban y que cada día eran más y de todas partes. Fue entonces cuando recordó algo que Eva le había dicho: "Nunca subestimes a los aliados inesperados. A veces, necesitas un punto de vista diferente". Con eso en mente, Ming empezó a pensar quién serían esos aliados.

Habiendo tenido la experiencia de Antzbio, en Antzhen, Ming estaba aprendiendo algo importante: ser un ingeniero brillante no te prepara para ser el líder de una revolución. Sus días estaban llenos de diagramas, mapas y mensajes de Eva que le recordaban que no todo era ingeniería. "No olvides el néctar, Ming", le escribió una tarde. "Las hormigas no viven solo de algoritmos". Era una broma, pero también una verdad que Ming necesitaba escuchar. La revolución estaba creciendo con más hormigas Lideresas, pero se dio cuenta de que el cambio era global, no local y que no podían hacerlo solos.

Los productos de Antzbio fueron de gran ayuda, la comunidad de conocimiento Antznymous de Alex una necesidad, pero aun así no podían desafiar la mayor infraestructura tecnológica de control de la historia ni tampoco **construir la mayor infraestructura de datos libre** ellas solas.

La Alianza Interespecies

En Antzelas, Eva se planteaba cómo expandir la base de las Lideresas sin levantar sospechas. Las obreras estaban entusiasmadas con "las nuevas etiquetas colaborativas", pero sabía que los zánganos del Oeste no tardarían en notar que algo estaba cambiando. Fue entonces cuando Eva, Alex y Ming comentaron una idea que parecía completamente loca: **crear una alianza con otras hormigas como las de Antzbio y ¿por qué no?, otras especies para la revolución.** Se pusieron en marcha para crear **lo que llamaron "la Alianza Interespecies".**

Para Eva, la primera alianza fue la colmena de **abejas de Beeafrica.** Las abejas siempre habían sido vistas como vecinas excéntricas: ruidosas, coloridas y un poco caóticas, pero siempre volando de flor en flor. Eva se reunió con su líder, una abeja reina que no necesitaba inteligencia artificial para comandar su colmena.

"¿Quieres que ayudemos a *hackear* etiquetas?", preguntó la abeja, moviendo las alas con escepticismo. "No es exactamente lo nuestro".

"En realidad, necesitamos algo más sencillo", respondió Eva. "Aviadoras como drones. Las abejas son rápidas, pequeñas y nadie las vigila".

La abeja sonrió.

"Podemos hacer eso. Pero a cambio, queremos acceso a la Red de Nidos Libres en nuestra colmena. Esa información nos servirá para evitar túneles peligrosos o congestionados".

Era un trato justo y pronto, las abejas drones estaban transportando mensajes cifrados entre los nodos de lideresas de Antzelas y otros lugares del mundo.

"Son más rápidas que las etiquetas del Oeste", comentó una recolectora. "Y, además, no vibran".

Para Ming, la primera llamada fue a **la colonia de termitas en Termindia**. Sí, termitas, sus vecinas blancas. Las hormigas y las termitas no eran conocidas por llevarse bien, pero Ming sabía que, cuando se trataba de excavar túneles y mantenerlos ocultos, nadie lo hacía mejor que ellas. Además, Termindia era conocida por el conocimiento de sus ingenieras. Después de muchas conversaciones diplomáticas —que incluían promesas de no interferir con los túneles de las termitas—, Ming logró convencerlas de que ayudaran a la revolución y se unieran a la Alianza Interespecies para construir la Red de Nidos Libres. Las termitas ofrecieron construir túneles secundarios revestidos de hongos que las obreras pudieran usar para moverse sin ser detectadas y en donde se podían instalar los Nidos Libres. "Es como un túnel dentro de un túnel", explicó una termita con orgullo. "No es bonito, pero sí seguro".

En Antzelas, Eva seguía ampliando la Alianza. Además de las abejas, convenció a una familia de **mariquitas de Marimérica** para que actuaran como centinelas. Las mariquitas, siempre alegres, siempre alerta de los pulgones, eran excelentes observadoras y podían detectar los movimientos sospechosos de los zánganos o los robots o drones mucho antes que las obreras a la vez que distraerlas con su colorido. "Es un trato justo", dijo una mariquita. "Nosotras vigilamos, y vosotras nos ayudáis a mantener alejados a los pulgones".

Ming a su vez se puso en contacto con una colonia de **escarabajos de Escaranesia**. Los escarabajos, que vivían en un bosque, parecían agitados y desorientados, como si no caminaran de manera natural. Al acercarse, Ming descubrió que ellos también llevaban etiquetas similares a las de las hormigas. Al hablar con los escarabajos, se dieron cuenta de que los zánganos habían extendido su control a otras especies de insectos, utilizando la misma tecnología y que todos ellos estaban bajo el control de la Emperatriz del Este. Alex cambió el código de las etiquetas de los escarabajos que, liberados, agradecieron su labor uniéndose a la Alianza.

Mientras tanto, en el Viejo Centro, Eva y las Lideresas hicieron un descubrimiento similar. En una expedición nocturna, con la ayuda de Alex, contactaron con otras colonias de hormigas del Oeste, en este caso indianas. Las hormigas del Oeste, que inicialmente habían estado cegadas por la aparente prosperidad y avance tecnológico que los zánganos magníficos y Truhan les prometían, empezaban a darse cuenta de que más que libertad, lo que estaban generando eran graves brechas y una concentración de recursos en los zánganos al entorno de sus fábricas de IA nunca vista. Las promesas de progreso habían venido con un precio alto: pérdida de autonomía, todo tipo de discriminación y una división creciente entre las hormigas, creando hormigueros totalmente devastados llamados **desiertos del Néctar.**

Al comprender que no estaban solas en su lucha, Alex y Eva vieron clara la necesidad y la oportunidad. Si podían unir a todas las especies afectadas por el control de los zánganos, podrían **formar una alianza poderosa y diversa capaz de cambiar el sistema.**

El mundo multipolar necesita un Nexo Vital

Gracias a los productos de Antzbio que los mimetizaban con el ambiente, Ming comenzó a organizar reuniones secretas con los escarabajos, utilizando sus redes de comunicación subterráneas para compartir conocimientos y estrategias. Los escarabajos, con su fuerza y resistencia, aportaban habilidades valiosas a la Alianza. Además, su capacidad para excavar túneles profundos proporcionaba nuevas rutas y escondites para las operaciones de sabotaje y sobre todo para construir la Red de Nidos Libres e instalar los pequeños Nidos Libres.

Mientras tanto, las abejas, conocidas por su diligencia y capacidad de coordinación, permitían acceder a áreas inaccesibles para las hormigas y transmitir mensajes rápidamente entre diferentes miembros.

En el Oeste, el grupo de hormigas indianas, junto con la comunidad Antznymous lideradas por Alex, aportaban su experiencia en organización y tecnología avanzada para crear la Red de Nidos Libres, habiendo trabajado de cerca con los zánganos en sus hormigueros de alta tecnología.

La **Alianza Interespecie** creció rápidamente y todo se desarrollaba de manera cooperativa y en una red natural. Por eso, Antha, en una reunión del consejo de los representantes de Beeafrica, Termindia, Marimérica, Escaranesia, Indianas y Lideresas, además de Alex, Ming y Eva, les dijo:

—Queridas compañeras, estamos creando una nueva relación entre especies basada en el bien común, utilizando lo que nos da la naturaleza y adaptando la tecnología y el conocimiento para ser libres y vivir todas en bienestar, creo que **este Nexo Vital debe perdurar.**

Ming, al oír aquello, no pudo evitar ponerse a llorar recordando el mensaje de Lian. Todas ellas la miraron con orgullo y gritaron:

—**¡La Alianza Interespecie es nuestro Nexo Vital de un nuevo mundo multipolar!**

Poco a poco el Nexo Vital fue creciendo e incluyendo a otros insectos como las arañas de Spiderasia, que aportaban su sigilo y habilidades para tejer la red de infraestructuras nido para la coalición, y mariposas de Butterflyribean, que podían pasar desapercibidas y colaborando con las abejas, podían llevar mensajes entre los distintos grupos. Todos ellos tomaron las Semillas del Conocimiento para comunicarse y la bioluminiscencia adaptativa para camuflarse sin ser vistos y trabajar bajo el radar utilizando la red natural de feromonas. Con la coordinación de la Alianza empezaron a instalar los pequeños "Nidos Libres" y a conectarlos. El sistema era sencillo: etiquetas de lenguaje colaborativo de código abierto conectadas a la Red de Nidos Libres.

Durante las reuniones y las operaciones conjuntas, las diferentes especies comenzaron a compartir sus conocimientos y habilidades únicas. Alex, Ming y Eva pronto descubrieron que la formación, el conocimiento, la innovación y la colaboración eran la clave para encontrar soluciones a los desafíos que enfrentaban.

Como parte del sistema y para reflejar las aportaciones y transacciones entre unos y otros de manera transparente, Ming y Eva introdujeron un concepto revolucionario, una moneda de talento: el Antzcoin, con un diseño de proporciones perfectas. Inspirada en la época dorada de los seres vivos, cuando las colonias prosperaban mediante el trueque y la colaboración, esta nueva moneda permitiría a las hormigas valorar su talento y su capital natural e intercambiar conocimientos y recursos sin necesidad de intermediarios y de manera transparente gracias a la Red de Nidos Libres. Cada transacción quedaba registrada en el libro contable de la red, garantizando la confianza que se copiaba en cada nido de manera que no dependía de fábricas de IA para funcionar.

"Es como volver a nuestras raíces", dijo Eva en un mensaje a las colonias del Viejo Centro, "pero con la tecnología de hoy".

Las primeras pruebas del Antzcoin fueron un éxito. Una colonia del Este intercambió minerales por diseños de túneles provenientes del Viejo Centro, mientras una pequeña colonia del Sur compartía sus innovaciones en energía solar a cambio de semillas de alta calidad. La descentralización estaba funcionando, y el Antzcoin se convertía en el símbolo de un nuevo futuro. Cada transacción quedaba registrada en la red descentralizada, asegurando que nadie pudiera manipular los recursos o tomar más néctar del que le correspondía.

Una recolectora del Viejo Centro, al enterarse del concepto, comentó emocionada:

—Es como cuando nuestras abuelas intercambiaban hojas y néctar sin intermediarios. Pero ahora, nadie podrá decirnos qué hacer con lo que recolectamos.

En un túnel cercano, Valentina probó el sistema enviando un lote de semillas a una colonia del Este a cambio de tierras raras. El proceso fue instantáneo, y ambas partes celebraron el acuerdo.

—Esto no es solo una moneda —pensó Valentina—, es nuestra llave hacia la libertad.

Las pruebas iniciales del Nido Libre y del Antzcoin comenzaron a extenderse como un susurro por los túneles del Viejo Centro y las periferias del Este, Oeste y las colonias de las diferentes especies de la Alianza. Colonias que habían sido ignoradas por los grandes hormigueros encontraron en este sistema una oportunidad para prosperar. Una colonia especializada en hojas medicinales comenzó a intercambiarlas por tecnología solar desarrollada por una pequeña colonia en el sur.

Pero con cada éxito, la amenaza crecía. La Emperatriz del Este pronto detectó una caída en la actividad de las etiquetas conectadas a su sistema, incluidos los escarabajos. Los zánganos del Oeste, por su parte, notaron que ciertas colonias reducían su dependencia de sus plataformas.

En un discurso transmitido a través de X-antz, Elantz declaró con tono dramático:

—¡Estas iniciativas descentralizadas son peligrosas! ¿Cómo podríamos garantizar la seguridad de los túneles si cada hormiga hace lo que quiere?

Mientras tanto, y siendo conscientes que cada día podía ser el último de vida, la relación entre Ming y Eva era intensa, tremendamente apasionada y les hacía felizmente cercanos en la distancia. Aunque sus conversaciones seguían siendo en su mayoría sobre estrategias de la revolución, había momentos en los que dejaban de hablar de etiquetas y zánganos y simplemente compartían pequeños detalles de sus vidas o utilizaban el túnel secreto para volar acoplándose juntas porque la atracción física, el amor y la admiración las hacía vibrar con un deseo inigualable. Eva y Ming no necesitaban ni tocarse, porque solo con la mirada las antenas se les erizaban, ni tampoco hablar para saber qué pensaban. Era **una conexión Aristotélica, cuerpo, mente, alma.**

Capítulo 7

El momento de la libertad total

Una red de conocimiento para la libertad total

Ming observó cómo los escarabajos utilizaban su fuerza para mover obstáculos que las hormigas no podían manejar solas y que las termitas ayudaban a modificarlos añadiendo los hongos para aislar los túneles refugio de las señales de control de los drones, cámaras y robots hormigoides.

Ming, inspirada por esta demostración de poder, propuso a los escarabajos y las termitas excavar túneles secretos bajo las cámaras de los zánganos, creando rutas de escape y acceso inesperadas. Además, propuso a las arañas que les dieran apoyo en la red descentralizada de infraestructuras de datos "la Red del Nido Libre" para diseñar y correr sus propios algoritmos basado en la tecnología de lenguaje colaborativo de código abierto a todos los miembros del Nexo Vital y que tenía a las mariquitas como operadoras.

Aparte de la red de datos, Eva vio cómo las abejas y las mariposas crearon **una red de comunicación, conexión y vigilancia** desde el aire que burlaba los satélites de Antzlink y los Jinplink de la Emperatriz del Este. Las arañas, con su habilidad para tejer, comenzaron a crear la infraestructura de red de datos descentralizada basada en La Red de Nidos Libres que conectaba a todos los miembros del Nexo Vital, dando servicio con un único código abierto e interoperable para todas las especies. Además, y gracias a las Lideresas, formaban a todas, hormigas, abejas, termitas, mariquitas, escarabajos, arañas, mariposas, en tecnología de manera masiva.

"**¡Ningún bicho atrás!**", rezaban los servidores del Nido Libre.

Estas infraestructuras empezaban a albergar los datos de las etiquetas de las hormigas *hackeadas*, los algoritmos de código abierto basados en el lenguaje colaborativo y los datos de algunos servidores del Cielo de Nubes de Datos y la Emperatriz del Este que Alex y los Antznymous habían conseguido recuperar.

Con sus nuevos aliados, las infraestructuras de datos, las nuevas etiquetas, el lenguaje abierto y los algoritmos colaborativos y sus capacidades, **el Nexo Vital era una comunidad del conocimiento** que funcionaba como nunca y a escala. Las termitas construyeron túneles secretos revestidos de hongos que permitían a las obreras *hackeadas* reunirse sin levantar sospechas y montar los Nidos Libres. Las abejas y las mariposas ayudaron a distribuir las nuevas etiquetas con algoritmos colaborativos desarrolladas en Antzelas, asegurándose de que llegaran a todas las recolectoras que las necesitaban. Las arañas y las mariquitas gestionaban la infraestructura de datos descentralizada y con las hormigas rojas empezaron a diseñar nuevos algoritmos de código abierto a todas las especies y rincones del planeta.

Todas las Lideresas y todos los miembros de la Alianza seguían coordinándose a través de mensajes cifrados transportados por las abejas drones y el sistema de feromonas. Cada vez que Ming recibía un mensaje de Eva, no podía evitar sonreír.

"¿Te has dado cuenta de que estamos construyendo **el superorganismo más diverso y generoso de la historia del planeta?**", escribió Eva en uno de sus mensajes.

Ming respondió:

"Sí, es algo increíble". Y la besó apasionadamente.

La diversidad de la Alianza Interespecie permitió resolver problemas de maneras que ninguno de ellos podría haber logrado por sí solos. Ming notó que las abejas, con su enfoque meticuloso, eran excelentes para detectar patrones en los datos que las hormigas pasaban por alto. Los escarabajos podían ejecutar tareas que requerían un gran esfuerzo, mientras que las arañas, con su capacidad para ver el panorama completo, ayudaban a coordinar las operaciones de una manera holística. Mientras, las mariposas eran buenas ideando y las mariquitas ponían método.

Alex y las hormigas indianas, desde el Oeste, aportaban una perspectiva valiosa sobre cómo acceder al código fuente de la Emperatriz, los Árboles de conexiones y las Nubes del Oeste. Las hormigas del Oeste compartieron su experiencia en el tratamiento de datos y el uso de algoritmos, lo que resultó crucial para desarrollar la última fase de la revolución, que llamaron **"Libertad total" de sus vidas** para devolver el control de la tecnología a las hormigas y demás insectos y revertir el poder que hasta ahora tenían los zánganos y las Reinas.

El Contrataque de las Reinas

Por supuesto, en poco tiempo los zánganos estaban informados de prácticamente todo y ni los zánganos fundadores ni la Emperatriz del Este ni Truhan ni los zánganos del Oeste estaban dispuestos a perder ni un ápice de poder. La descentralización amenazaba sus modelos de control y, por tanto, de poder.

En Antzhen, la Emperatriz del Este empezó a mostrar signos de que nada estaba funcionando según sus algoritmos. Las gráficas de productividad seguían subiendo, pero los datos no cuadraban. Las etiquetas reportaban rutas no asignadas, desviaciones de las vibraciones preprogramadas y, lo más preocupante, obreras que colaboraban sin necesidad de instrucciones. Para la Reina, esto era peor que un túnel bloqueado. Y para los zánganos, era el equivalente a ver caer sus trofeos de eficiencia.

—¿Cómo es posible que trabajen mejor sin seguir las vibraciones? —preguntó un zángano, golpeando la mesa con una pata.

Otro, con una antena temblorosa, respondió:

—No lo sé, pero necesitamos detenerlo antes de que el sistema pierda el control.

En el Este, los algoritmos de la Emperatriz empezaron a lanzar órdenes contradictorias para sembrar confusión en las colonias que usaban el sistema descentralizado. En el Oeste, los zánganos intensificaron su propaganda, promoviendo nuevos modelos de etiquetas que prometían una "libertad personalizada".

Pero algo había cambiado. Las hormigas ya no aceptaban las promesas vacías ni las amenazas veladas.

Una colonia del Viejo Centro se negó a instalar las nuevas etiquetas del Oeste, argumentando que su sistema descentralizado era suficiente para prosperar.

"No necesitamos que nos digan cómo organizar nuestros túneles", afirmó su líder en un mensaje enviado a través de su Nodo de la Red de Nidos Libres. "Por primera vez en generaciones, somos dueñas de nuestras decisiones".

En Antzhen, la Emperatriz intensificó el monitoreo de las etiquetas, buscando cualquier rastro de redes alternativas. En el Oeste, Truhan lanzó una campaña de amenazas al movimiento a través de las redes X-antz y otras, tildándolos de "traidores" y "peligrosos para la estabilidad global". Mientras tanto, Antznymous *hackeaba* los mensajes en las redes con mensajes: "Truhan adora la Red de Nidos Libres, cuantos más mejor", "Me encantan las Lideresas, un modelo femenino a seguir", que aún enfadaban más a Truhan.

Eva, Ming y Alex, así como las Lideresas, sabían que el camino no era fácil y la presión iba en aumento exponencial. Eran conscientes que con la Red de Nidos Libres habían encendido un fuego imposible de apagar. La descentralización no era solo una idea técnica; era una forma de devolver a las hormigas lo que habían perdido: su autonomía, su creatividad, su control y su conexión natural entre ellas.

Mientras las Reinas y los zánganos intentaban contener el movimiento, más colonias a través de la Red de Nidos Libres se unían a la red.

—Esto es solo el comienzo, pero la comunicación está haciendo que avance de manera exponencial —dijo Ming a Mei mientras ajustaba el prototipo para conectar más nidos.

"Estamos construyendo algo grande", agregó Eva en un mensaje a las Lideresas. "Algo que estaba cambiando el rumbo de todos los hormigueros y de todo el mundo, ahora multipolar".

Y así, en lo profundo de los túneles, lejos de las etiquetas controladoras y los algoritmos opresivos, nacía una revolución basada en la colaboración, la transparencia y la descentralización. **Las hormigas e insectos conectadas redescubrían su propio poder, el de luchas por su futuro.** La evolución, como siempre, requería innovación y colaboración, y estas pequeñas pero decididas criaturas estaban listas para hacerlo.

La Emperatriz del Este, al darse cuenta de que su control estaba desapareciendo, lanzó una actualización de emergencia para las etiquetas. Este nuevo programa, llamado "**Protocolo de Conformidad Total**", bloqueaba cualquier intento de conectar las etiquetas a los Nidos Libres para que ninguna otra hormiga pudiera hacerlo. Pero Alex y los Antznymous ya habían previsto este movimiento.

—Si la Emperatriz quiere jugar a los algoritmos, jugaremos mejor —dijo Alex.

Cuando todo parecía ir bien, Ming recibió una alerta. El sistema de la Emperatriz del Este había lanzado una búsqueda y captura de los culpables con toda su fuerza y recursos.

—Esto no puede estar pasando —murmuró Ming mientras revisaba los datos.

En ese momento, recibieron un mensaje de Alex:

"Las Reinas y los zánganos saben lo que estamos haciendo. Necesitamos actuar rápido antes de que nos detengan".

Eva, siempre pragmática, respondió:

"Entonces tendremos que aprender más rápido que ella, tener más fuerza que ella y continuar con el plan".

La Gran Marcha de los Insectos Libres

Eva dijo que se había acabado el tiempo de esconderse y, como iban a buscarlos, era el momento de adelantarse y salir a la superficie. Eva, junto con las Lideresas y las líderes de la Alianza Interespecie, **organizaron la Gran Marcha de las Insectos Libres** para reivindicar un nuevo modelo basado en la Red de Nidos Libres. En el Viejo Centro, Eva y Valentina lideraron una marcha simbólica por los túneles principales de Antzelas, mostrando a las obreras que la resistencia no tenía miedo. Fue un evento sin precedentes: miles de hormigas de todos los colores y especies junto con mariquitas, abejas, escarabajos, arañas, mariposas de diferentes colonias **se reunieron en el Túnel de Voces Libres**, llevando pequeñas luces bioluminiscentes como símbolo de esperanza. **El lema que gritaban, "Nuestra vida, nuestras reglas. Nuestro néctar, nuestras reglas"**, resonó por los túneles, inspirando a más colonias a unirse al movimiento.

Eva, subida en una roca que parecía diseñada para discursos épicos, alzó sus antenas y comenzó:

—Durante demasiado tiempo, hemos dejado que otros decidan por nosotras. Nos han dicho que es por nuestro bien, que es lo mejor para la colonia. Pero ¿quién decide qué es lo mejor? ¿Los zánganos en sus nidos de lujo? ¿Las Reinas que no han cargado una hoja en su vida? ¿Las IA sintéticas? ¡Es hora de tomar el control!

Los insectos estallaron en un zumbido que hizo temblar los túneles. La marcha avanzó por las arterias principales del Viejo Centro, enviando un mensaje claro: las hormigas ni el resto de insectos no estaban dispuestas a seguir obedeciendo ciegamente.

Una joven ingeniera, que había perdido a su colonia por un proyecto fallido de la Ruta del Néctar, se convirtió en una de las mayores defensoras del movimiento.

—Nunca pensé que volvería a sentirme parte de algo más grande —dijo emocionada mientras instalaba un Nido Libre en su colonia.

En el Este, las colonias que habían instalado el Nido Libre comenzaron a prosperar. Sin la interferencia de la Emperatriz ni los zánganos fundadores, las obreras descubrieron nuevas formas de colaborar y compartir recursos. **La producción aumentó, pero lo más importante fue que el bienestar colectivo mejoró.**

En el Oeste, los zánganos magníficos se enfrentaban a un desastre financiero. Sus plataformas estaban siendo abandonadas, y las colonias que antes dependían de ellas ahora estaban creando sus propias redes de datos descentralizadas. Incluso los robots hormigoides, diseñados para vigilar y controlar, comenzaban a ser reprogramados para servir a las obreras como Liberata.

Con el eco de la revolución aún resonando en los túneles de todos los rincones del mundo, **el cambio no solo era inminente; era inevitable y ya estaba en marcha.** Las antiguas estructuras de control centralizado, dominadas por las Reinas y los zánganos, eran ahora reliquias de un pasado que las hormigas comenzaban a dejar atrás. Lo que alguna vez se creyó indestructible había caído, no con una explosión, sino con el zumbido persistente de millones de obreras que decidieron, colectivamente, que merecían algo mejor.

Alex, desde el Oeste, vio que los zánganos magníficos corrían al ver cómo sus gráficos caían de manera exponencial. Truhan, desde la colonia blanca, no paraba de gritar a los zánganos reclamándoles el control de la situación porque siguiendo su consejo y, en pro de la eficiencia y la liberalización del Oeste, había puesto en sus manos todo el hormiguero. Truhan gritaba, pero solo oía el eco de su voz porque los zánganos estaban bajo tierra. Era una caída mundial. La Emperatriz del Este estaba desconectada y los datos de los diferentes hormigueros estaban en la red de centros de datos descentralizados en túneles construidos por termitas. Las mariposas y abejas llevaban la buena nueva a todos los rincones. Los hormigueros del mundo respiraban vida y Alex, Ming y Eva no podrían sentirse más orgullosos.

En este nuevo amanecer, la descentralización no era solo una estrategia tecnológica, sino un acto profundo de madurez y confianza. Las colonias ya no se veían como competidoras, sino como colaboradoras en un sistema que valoraba la equidad, la transparencia y la innovación.

El poder de los pequeños

Lo más impresionante de todo fue la respuesta de todos los hormigueros, colmenas y colonias de todas las especies de insectos. Inspirados por lo que estaba ocurriendo, empezaron a unirse al movimiento utilizando las redes y las comunicaciones formales e informales con las palabras clave **LIDERESAS** y **NEXOVITAL**. La mayoría lloraban de la emoción contenida de saber que la libertad era real y para todas. Cada colonia, hormiguero o colmena aportó su propio enfoque, desde ideas para mejorar la logística hasta formas de usar la tecnología para fomentar la creatividad. Lo que los zánganos y las Reinas no entendían era que la unión de todos los pequeños podía superar incluso al sistema más grande y avanzado.

"Esto es lo que debería ser la tecnología", escribió Eva en un mensaje a Ming. "Algo que amplifique las hormigas, no que las reemplace".

Ming respondió:

"Exacto. La tecnología no debería ser una reina. Debería ser nuestra antena".

Capítulo 8

Un nuevo orden en el hormiguero mundial

Un nuevo inicio, un cambio histórico

El amanecer en Antzhen llegó con un aire diferente. Los túneles, siempre fríos y calculados bajo el ojo vigilante de la Emperatriz del Este, estaban llenos de **algo nuevo: energía positiva**. No la energía de las etiquetas vibrando, sino la de obreras que, por primera vez en mucho tiempo, trabajaban con entusiasmo usando los robots hormigoides para complementarlas, compartiendo ideas y moviéndose con una libertad que los algoritmos nunca podrían predecir. Ming, desde su improvisada base en un túnel oculto, observaba los resultados con una mezcla de orgullo y alivio. *Lo habían logrado.*

Al otro lado del mundo, Antzelas también estaba transformándose. La Gran Marcha liderada por Eva no solo había captado la atención de la Comisión Hormiguera del Viejo Centro, sino del mundo entero, inspirando a las propias colonias tecnológicas a unirse al movimiento y ofrecer transparencia en cuanto a todos los sistemas de etiquetas. Las recolectoras que antes seguían las vibraciones de las etiquetas sin cuestionar ahora se reunían para discutir cómo podían desarrollar la tecnología de manera local, más cercana, más diversa, más justa y colaborativa.

Eva, siempre comprometida, presentó un informe que resumía los logros de la Alianza Interespecies. Incluía ejemplos concretos de cómo las etiquetas modificadas habían permitido a las obreras aumentar su productividad sin sacrificar su autonomía pidiendo a la Comisión que adoptaran el modelo de la Red de Nidos Libres junto con el lenguaje colaborativo de código abierto como propio y universal. Pero el verdadero éxito de Eva no estaba en los números, sino en las historias: una recolectora que usó datos de las etiquetas para encontrar una nueva fuente de néctar; otra que rediseñó su túnel con la ayuda de una ingeniera; y un grupo de recolectoras que, juntas, habían ideado un sistema para compartir recursos entre hormigueros vecinos y tantas y tantas otras. No solo eso: la Alianza Interespecie se convirtió en el Nexo Vital para el propio planeta.

—**Esto es el talento interior bruto en acción**, —dijo Eva durante su presentación a la Comisión—. Es lo que nos hace fuertes, lo que nos hace únicas. **La tecnología debe amplificarlo, no sustituirlo.** Les pido por favor que permitan y promuevan que las pequeñas colonias aquí desarrollen la tecnología colaborativa bajo los principios del Nexo Vital como propios con libertad y por la libertad de todas.

La caída de los zánganos

En Antzhen, los zánganos fundadores estaban perdiendo el control. A pesar de sus esfuerzos por reinstaurar el dominio de la Emperatriz del Este, las obreras ya no seguían las vibraciones. En lugar de obedecer órdenes, estaban desarrollando soluciones innovadoras, compartiendo ideas y construyendo un sistema que reflejaba sus valores y ponía de manifiesto su independencia. Además, la Emperatriz del Este ya no respondía porque carecía del flujo de datos, y se convirtió en una acompañante que se ocupaba del bienestar de las obreras, no como una reina.

Cuando un zángano intentó imponer una nueva actualización de las etiquetas, una recolectora simplemente levantó su pata y dijo: "**Gracias, pero**

no, gracias". Fue la demostración de que todo había cambiado porque las hormigas ya no tenían miedo, y los zánganos fundadores habían perdido el poder.

En Antzelas y el Oeste, los zánganos del Oeste también estaban en problemas. Truhan gritaba y los amenazaba sin cesar. Truhan no tenía amigos ni le temblaba la pata. La última versión de etiquetas, diseñada para "reclamar la colaboración", había sido un fracaso rotundo. Las hormigas del Viejo Centro, empoderadas por el movimiento "Nuestro Néctar, nuestras reglas", habían rechazado el modelo del Oeste que estaba en caída libre. Por el contrario, las hormigas de todo el mundo y los insectos de la Alianza Interespecie estaban adoptando masivamente las etiquetas modificadas que habían desarrollado con el lenguaje de código abierto, demostrando que la verdadera innovación no venía de un laboratorio distante, sino del talento interior bruto de las obreras.

Comportamiento autónomo y no automatizado

La Alianza Interespecie contra los zánganos había logrado desactivar una cantidad significativa de etiquetas de control en los hormigueros, nidos y colmenas del mundo. Con su ayuda, muchas hormigas e insectos ahora eran capaces de operar sin las órdenes automatizadas, a la vez que los sistemas las ayudaban en su día a día, eran las Lideresas de su vida.

Ming y Eva observaron con satisfacción cómo sus compañeras de todos los lugares y especies mostraban signos de comportamiento autónomo tan pronto como utilizaban las etiquetas liberadas con el lenguaje colaborativo de código abierto, conectadas a la Red de Nidos Libres, mientras que su implementación se hacía viral. Las hormigas, que antes se movían de manera mecánica y predecible, ahora exploraban su entorno con curiosidad y creatividad.

Poco a poco los zánganos se dieron cuenta de que nada podían hacer, los padres fundadores pensaron que no podían luchar contra tantas hormigas, y menos, contra tantas especies y aceptaron conectar las fábricas de IA con la Red de Nidos Libres.

Con la libertad ganada, las hormigas y sus aliados empezaron a desarrollar nuevas formas de organización que aprovechaban lo mejor de ellas y de la cooperación. La jerarquía rígida impuesta por los zánganos fue reemplazada por una estructura más horizontal, donde cada miembro del Nexo Vital tenía voz y voto en las decisiones y no era impuesto por ningún Truhan o zángano fundador, era un comportamiento autónomo y no automatizado.

El Nexo Vital se convirtió en un sistema de participación multipolar en el que todos tenían participación. A su vez, desde el día de la Gran Marcha, en el hormiguero del Este, Ming organizaba asambleas regulares donde las hormigas podían presentar ideas y soluciones para mejorar la vida en la colonia. Estas reuniones fomentaban un sentido de comunidad y responsabilidad compartida.

Como una gota de aceite, todo el movimiento se expandió y gracias a las redes de comunicación y las Semillas del Conocimiento se fue aceptando como un marco de vida para todos los hormigueros del mundo y entre las especies, cada uno con sus singularidades y especificidades, pero todos ellos pensando en el bien común.

La fuerza de los hormigueros unidos

Con el tiempo, los hormigueros de todo el mundo comenzaron a adoptar un nuevo modelo. Las etiquetas seguían siendo parte del sistema, pero ya no eran cadenas. En su lugar, se convirtieron en herramientas flexibles y transparentes que las obreras podían personalizar según sus necesidades. La tecnología ya no dictaba el ritmo del trabajo, sino que amplificaba el talento, la creatividad y la colaboración con un sistema en red abierto a todos.

En Antzhen, la Emperatriz del Este seguía funcionando, pero ahora estaba bajo el control de las obreras y de ayuda a la Red de Nidos Libres. Los zánganos, privados de su poder, se convirtieron en administradores humildes, a la vez que Truhan perdió el poder democrático, ahora en manos de una hormiga indiana, aprendiendo de las mismas obreras a las que una vez habían intentado controlar. En Antzelas, la Comisión Hormiguera del Viejo Centro adoptó las etiquetas con el lenguaje de código abierto colaborativo como estándar, marcando el comienzo de una nueva era de autonomía y responsabilidad.

Pero el verdadero milagro de la revolución no estaba ni en Antzhen, ni el AntzValley, ni en Antzelas, sino en la conexión entre todos los pequeños hormigueros del mundo que, juntos, estaban construyendo algo más grande que cualquier Emperatriz o Reina. Desde todos los hormigueros del planeta, las obreras estaban uniendo fuerzas para compartir ideas, recursos y valores y no solo con ellos, sino con las otras especies. **El Nexo Vital se convirtió en un nuevo foro de coordinación y acuerdos globales** y ayuda de todos los bichos del planeta, **un nuevo Orden Mundial** superando las diferencias entre especies, compartiendo valores y cooperación más allá de la Organización de las Hormigas Unidas liderada por el Oeste o los Bricsantz liderados por el Este.

Algoritmos en abierto, Nidos de datos Libres descentralizados para diferentes especies, superordenadores que procesaban algoritmos que tenían en cuenta las peculiaridades de las pequeñas comunidades y todo con una coordinación basada en valores universales para todas las especies que se unía gracias a la Red de Nidos Libres y que operaba a través del Antzcoin. **Más que fábricas de IA, eran comunidades de IA**. Cada hormiguero, colonia, nido o colmena aportaba algo único, y la diversidad de perspectivas estaba creando un sistema que los algoritmos nunca podrían imaginar.

—Los grandes zánganos siempre nos dijeron que necesitábamos su control para prosperar —dijo Eva durante una reunión internacional del Nexo Vital celebrada en Antzbio—. Entre todas hemos demostrado que la verdadera fuerza no está en el control de la IA, sino en la colaboración de la vida.

Ming, que apareció en medio de la diversa y multitudinaria audiencia, agregó:

—La IA puede ser una herramienta poderosa, pero solo cuando está bajo nuestro control. Si la usamos para amplificar lo mejor de nosotras, no hay túnel que no podamos excavar juntas.

Y en medio de todo esto, Ming y Eva finalmente se encontraron en vivo. Eva no podía creerlo, todo su cuerpo vibraba, era una reunión internacional del Nexo Vital, donde todas las lideresas del mundo se reunieron para compartir ideas, celebrar su éxito y establecer una nueva forma de gobernarse para todos.

Cuando Ming vio a Eva por primera vez a su lado, se dio cuenta de que todas las conversaciones, todos los desafíos y todas las noches sin dormir habían valido la pena y no por la revolución, sino por poder acariciarla.

—Supongo que ahora somos oficialmente aliados globales— dijo Eva, sonriendo.

—Y algo más, espero —respondió Ming, acercando sus labios.

Eva rio.

—Definitivamente algo más.

Y se fundieron en un beso de los que hace historia.

"No importa cuán avanzados sean los sistemas, el verdadero poder está en las pequeñas mentes que piensan juntas, en las manos que crean y en las comunidades que nunca olvidan quiénes son ni de lo que son capaces. Nunca olvidemos que somos hormigas Lideresas de nuestra vida".

El modelo de las hormigas: una lección de liderazgo

En esta fábula, las hormigas nos muestran lo que significa realmente liderar. Cada hormiga, cada insecto, por pequeña que sea, juega un papel crucial en el superorganismo que es el hormiguero. Pero cuando el poder se concentra en las patas equivocadas —en las Reinas centralizadas o en los zánganos tecnológicos—, el sistema se vuelve opresivo y desigual.

Las hormigas, sin embargo, tienen algo que aprenderemos a lo largo de esta historia: la capacidad de unirse, de colaborar, de encontrar soluciones descentralizadas que respeten la autonomía de cada una mientras trabajan juntas por el bien común.

Este modelo de liderazgo compartido es el camino hacia un mundo mejor multipolar. No se trata de esperar que alguien más nos guíe o nos ofrezca una solución. Se trata de asumir nuestra parte del trabajo, de alzar nuestras propias antenas y de construir, con nuestras pequeñas patas, el hormiguero que queremos para el futuro.

GLOSARIO DE PARALELISMOS ENTRE LAS HORMIGAS Y LA GEOESTRATÉGIA TECNOLÓGICA MUNDIAL

MUNDO DE LAS HORMIGAS	*MUNDO REAL*
Alibabantz	*Gran empresa tecnológica china*
Antzafrica	*África*
Antzbel	*Nobel*
Antzdia	*India*
Antzelas	*Bruselas*
Antzgate	*Empresa de IA*
Antzghi	*Personaje relevante en Europa*
Ant-ZIA	*Agencia de inteligencia*
Antzhen	*Shenzhen*
Antzlatina	*América Latina*
Antzlink - Jinplink	*Satélites de empresas americanas o chinas*
Antznesia	*Indonesia*
Antznymous	*Comunidad de hackers*
Arantz	*Arabia Saudí*
Antztagram	*Red social para compartir imágenes y vídeos*
Antzvidia	*Empresa de software*
Antzwan	*Taiwan*
Árbol de Conexiones del Té	*Sistema de conectividad chino*
Bricsantz	*Los BRICS es una nueva alianza multipolar de países liderados por Brasil-Rusia-India-China y Sudáfrica*
Brújula de Datos	*Estrategia europea de competitividad llamada la Brújula de la Competitividad*

Cielo de Nubes de Datos	*Centros de Datos*
Deepantz	*Herramienta de IA-generativa*
Elantz	*Empresario americano*
El hormiguero del Este	*China*
El homiguero del Oeste	*Estados Unidos*
El homiguero del Viejo Centro	*Europa*
Etiquetas inteligentes	*Dispositivos conectados e integrados en nuestra piel*
Goantz	*Empresa americana de tecnología*
GPTantz	*Herramienta de IA generativa*
Guerra por el Néctar	*Guerra comercial entre países por el control de la tecnología en especial la IA*
Hinantz	*Sabio en IA*
Jinpantz	*Mandatario chino*
La Emperatriz del Este	*Es una AGI (Inteligencia Artificial General) que aún no existe en la realidad, pero nos acercamos*
Letanz	*Personaje relevante en Europa*
Panamantz	*Panamá*
Red de Nidos Libres	*Sistema basado en blockchain*
Ruta del Néctar	*Ruta de la Seda*
Samantz	*Empresario americano de empresa de IA*
Texantz	*Texas*
Truhan o Reina del Triunfo	*Gran mandatario americano*
Zánganos	*Oligarcas públicos o privados*
Zánganos fundadores	*Máximos dirigentes chinos o similares*
Zánganos Magníficos	*CEO y propietarios de las principales tecnológicas americanas del mundo*
Z-antz	*Red social de microblogueo*